A mística
ao alcance de todos

COLEÇÃO *dádivas do infinito*

O tesouro escondido: para uma busca interior
José Tolentino Mendonça

Pai nosso que estais na terra: o Pai-Nosso aberto a crentes e não crentes
José Tolentino Mendonça

Nenhum caminho será longo: para uma teologia da amizade
José Tolentino Mendonça

O sopro da vida interior: a oração como experiência de misericórdia
Joan Chittister

Albert Haase

A mística ao alcance de todos
Um caminho de espiritualidade

Paulinas

Dados Internacionais de Catalogação na Publicação (CIP)
(Câmara Brasileira do Livro, SP, Brasil)

Haase, Albert
A mística ao alcance de todos : um caminho de espiritualidade / Albert Haase ; tradução Andréia Schweitzer. - São Paulo : Paulinas, 2024.
208 p. (Coleção Dádivas do infinito)

ISBN 978-65-5808-269-9
Título original: Becoming an ordinary mystic: spirituality for the rest of us

1. Espiritualidade 2. Mística 3. Cristianismo I. Título II. Schweitzer, Andréia III. Série

24-0030   CDD 248.4

Índice para catálogo sistemático:
1. Espiritualidade

1ª edição – 2024

Título original: *Becoming an ordinary mystic – Spirituality for the rest of us*
Originalmente publicado por InterVarsity Press
© 2019 by Franciscan Friars of the State of Missouri.
Traduzido e publicado com permissão de InterVarsity Press, P.O. Box 1400, Downers Grove, IL 60515, USA. www.ivpress.com.

Direção-geral: *Ágda França*
Editora responsável: *Maria Goretti de Oliveira*
Tradução: *Andréia Schweitzer*
Copidesque: *Ana Cecilia Mari*
Coordenação de revisão: *Marina Mendonça*
Revisão: *Sandra Sinzato*
Gerente de produção: *Felício Calegaro Neto*
Produção de arte: *Elaine Alves*

Nenhuma parte desta obra poderá ser reproduzida ou transmitida por qualquer forma e/ou quaisquer meios (eletrônico ou mecânico, incluindo fotocópia e gravação) ou arquivada em qualquer sistema ou banco de dados sem permissão escrita da Editora. Direitos reservados.

Cadastre-se e receba nossas informações
paulinas.com.br
Telemarketing e SAC: 0800-7010381

Paulinas
Rua Dona Inácia Uchoa, 62
04110-020 – São Paulo – SP (Brasil)
📞 (11) 2125-3500
✉ editora@paulinas.com.br
© Pia Sociedade Filhas de São Paulo – São Paulo, 2024

"O cristão devoto do futuro ou será um 'místico'
– alguém que 'vivenciou algo' –
ou não será absolutamente nada."

KARL RAHNER

Sumário

Introdução 9

1 Aqui e agora
A atenção plena produz o misticismo 15

2 O que está faltando
A autoconsciência sabota o pecado 33

3 Jesus, o eletricista
O misticismo prático do Sermão da Montanha 50

4 Espiritualidade essencial
Os frutos do misticismo 61

5 De dentro para fora
O convite à transparência 79

6 Um Deus volúvel
Hoje aqui, amanhã passado 90

7 Tateando no escuro
Caminhar pela fé, não pela visão 102

8 Desafiando o ego
Perdoar a Deus, a mim mesmo e aos outros............116

9 Inspirado por Jesus
Redescobrir a Deus 132

10 Vida, palavras, silêncio e ação
A surpresa da oração mística 149

11 Ouvidos atentos
Ouvir a Deus 166

12 Exercícios práticos
Responder a Deus 175

13 Permanecer desperto
Viver com atenção plena 191

Conclusão 204

Introdução

Eu tinha dez anos de idade. Estava sentado no chão do meu quarto, folheando um livro ilustrado sobre a vida dos santos. Era dia 14 de dezembro. Sei a data porque me lembro claramente de ir à página daquele dia para ver de quem era a festa que a Igreja Católica celebrava. Lembro-me de coçar a cabeça ao ler a primeira frase sobre o santo daquele dia: "São João da Cruz foi um místico carmelita do século XVI". Eu tinha idade suficiente para saber que os carmelitas eram uma ordem religiosa como os franciscanos, dominicanos e beneditinos. Mas um místico?

Mais tarde, naquele dia, perguntei à minha mãe: "O que é um místico?".

Minha mãe estava acostumada a responder minhas perguntas precoces. "É um amigo *especial* de Deus."

"Eu quero ser um místico!", imediatamente falei, imaginando que ser um amigo especial de Deus seria algo parecido com o que eu tinha com meu melhor amigo, Dennis, que morava do outro lado da rua.

"Não é exatamente assim que acontece", disse ela. "Você não decide ser um místico. Você é escolhido."

Eu não acreditei nela. Estava determinado a me tornar um amigo especial de Deus e passaria os anos seguintes tentando provar que ela estava errada.

Vinte anos depois, sentei-me com meu orientador espiritual. Foi um daqueles dias – eu estava um pouco desanimado. Depois de contar a ele sobre aquele primeiro encontro com João da Cruz na infância e minha reação ao comentário de minha mãe, comecei a pensar em voz alta:

- *Eu deveria estar mais adiantado na jornada espiritual.*
- *Por que não vejo nenhum progresso?*
- *O que estou fazendo de errado?*

Depois de vinte anos tentando ser escolhido como amigo especial de Deus, senti que estava apenas andando em círculos espirituais.

"Agora entendo por que Santa Teresa d'Ávila, tendo sido derrubada de sua carruagem e caído em uma poça de água, disse: 'Ó Deus, se é assim que você trata seus amigos, não é de admirar que sejam tão poucos!'."

"Mas, Albert", respondeu meu orientador espiritual, "Teresa d'Ávila era uma mística. É assim que os místicos às vezes se sentem. E eu suspeito que, como está se sentindo assim, você também seja um místico. Todos somos chamados a ser místicos."

Eu, um místico? Eu tinha sido escolhido para ser um amigo especial de Deus e não sabia disso?

Ele continuou: "Em cada momento de nossa vida, Deus está nos pedindo para responder à graça – e a graça é simplesmente o desejo ardente e o convite entusiástico de Deus para um relacionamento mais profundo, um relacionamento místico. Os místicos são cristãos comuns que fazem o que todos somos chamados a fazer: responder à graça. Eu o conheço bem o suficiente para saber que reza com intenção. Então você está respondendo ao convite de Deus para passar um tempo com ele. Você se compromete com atos de caridade. Então está respondendo ao chamado de Deus para ir além do seu egoísmo. Você faz retiros anuais. Continua trabalhando no perdão. E continua tentando ficar mais atento e sensível ao que Deus está lhe pedindo. Acho que posso dizer com segurança que você foi escolhido, como todo mundo, para ser um 'amigo especial de Deus', como sua mãe dizia. Você é um místico comum".

U-m m-í-s-t-i-c-o c-o-m-u-m. Tive que deixar as palavras aprofundarem. Eu nunca havia pensado nisso, mas certamente agora fazia sentido.

Mesmo tentando ingenuamente me tornar digno de ser escolhido, eu pensava erroneamente que misticismo significava adquirir conhecimento esotérico ou ter experiências raras – mas onde estavam a sabedoria e os sentimentos superdimensionados? Por isso fiquei desanimado.

Depois de mais de trinta anos desde aquela conversa com meu orientador espiritual, descobri que o misticismo é mais comum do que eu pensava inicialmente. É viver com sensibilidade à presença divina e responder ao desejo ardente de Deus e a seu convite entusiástico de um relacionamento mais profundo neste exato momento: em uma

A mística ao alcance de todos

sarça ardente, como aconteceu com Moisés; num sussurro, como Elias experimentou; no chamado a sair do esconderijo, como Zaqueu; no estranho misterioso que, de repente, aparece e oferece esperança, como aconteceu com os dois discípulos a caminho de Emaús.

Os místicos nos ensinam a celebrar a oferta de perdão de Jesus aqui, agora, e a não viver no passado, submersos em culpa por ações pecaminosas. Os místicos se distraem na oração – Teresa d'Ávila menciona momentos em que, durante a oração, sua atenção se concentrava mais nos grãos de areia da ampulheta do que no crucifixo –, mas reconhecem e respeitam as distrações como potenciais mestres na vida espiritual. Os místicos oram a partir de seus sentimentos momentâneos, mesmo aqueles que outras pessoas consideram impróprios de serem expressos a Deus – pense novamente em Teresa caindo da carruagem. Os místicos, às vezes, perdem a sensação de ter Deus em sua vida – João da Cruz chamou isso de "noite escura", e Madre Teresa de Calcutá vivenciou isso por quase cinquenta anos. Os místicos são garçons, soldadores, escritores e web designers que respondem com fervor ao convite direto e entusiástico de Jesus: "Vem, segue-me". É o chamado comum oferecido singularmente a todos. A jornada dos místicos é, na verdade, a jornada dos discípulos: "Todos nós somos chamados a ser místicos", como dizia meu orientador espiritual.

Há muitos místicos comuns nestas páginas que me ensinaram sobre a formação espiritual e a jornada mística. Alguns são amigos meus. Alguns são orientadores espirituais, alguns foram meus orientadores pessoais. Mudei seus nomes e alguns detalhes para garantir-lhes o direito à privacidade. Fiz o melhor para transmitir a sabedoria e os ensinamentos deles.

No final de cada capítulo, há um conjunto de exercícios – *Praticar, Refletir* e *Ponderar*. Encorajo você a deter--se um pouco em cada um deles. Pode usar o item *Praticar* para enriquecer suas ferramentas de formação espiritual. Pode fazer um diário das perguntas do item *Refletir* e compartilhar suas respostas com seu orientador espiritual. Um grupo de estudos ou de formação espiritual apresentará outras maneiras de vivenciar os ensinamentos encontrados em cada capítulo. Uma maneira útil de concluir cada sessão seria sentar-se em silêncio por cinco minutos e refletir sobre a frase sugerida no item *Ponderar*.

Se você deseja uma apreciação mais profunda do desejo ardente de Deus e do convite entusiástico para um relacionamento mais profundo, este é o livro ideal. Você pode se surpreender ao descobrir que, mesmo sem saber, foi escolhido para ser um amigo especial de Deus. Talvez você não tenha pensamentos elevados ou experiências de êxtase – a maioria de nós não tem. Apenas tente todos os dias ouvir o convite de Deus e responder a ele. E esse é o segredo: como Moisés, Elias, Zaqueu e os discípulos de Emaús, Deus está sempre nos convidando a notar o extraordinário no comum, o sagrado no secular e o místico no mundano – para nos tornarmos místicos comuns.

Embora todas as histórias deste livro sejam verdadeiras, alguns nomes e informações podem ter sido alterados para proteger a privacidade dos indivíduos.

1

Aqui e agora

A atenção plena produz o misticismo

Eu tinha acabado de voar de volta para o Texas na noite anterior, e aqui estava eu novamente no Aeroporto Internacional de Dallas/Fort Worth, preparando-me para voar para San Diego, onde pregaria por cinco dias. Estava cansado, depois de três semanas consecutivas de viagens, pregando e lecionando. Felizmente, como sou um passageiro frequente da United Airlines, recebi um *upgrade* gratuito para a primeira classe.

Embarquei no avião, acomodei-me no meu assento e procurei os programas de entretenimento gratuitos na tela à minha frente. Também bebi um pouco de suco de laranja, estiquei as pernas e pensei em descansar um pouco durante o voo de três horas para a Califórnia.

Assim que alcançamos a altitude de cruzeiro de trinta e sete mil pés (12 mil metros), o piloto nos deu as boas-vindas e desligou o sinal de "Apertar os cintos de segurança". A essa altura, eu estava completamente absorto em um filme e me divertindo. De repente, uma pergunta surgiu do nada: "Tranquei o carro depois de estacionar no aeroporto?". Fiquei distraído e inquieto.

A pergunta remexia no fundo da minha mente. Eu me ajeitei no assento e me perguntei novamente: "*Tranquei o carro ou não?*". Não conseguia lembrar-me de ter ouvido o bipe do alarme, indicando que o carro tinha sido trancado. Em pouco tempo, estava batendo na minha própria cabeça. "Como pude ser tão tolo e irresponsável? E se alguém roubar o carro?"

Embora fisicamente estivesse na cabine da primeira classe, voando a doze mil metros de altura, mentalmente ainda estava no chão, preso no estacionamento, com a culpa passada e a preocupação futura. Estava novamente em dois lugares ao mesmo tempo.

Preso no estacionamento

Muitos de nós experimentamos essa bilocação. Alguns de nós estão aqui e, ao mesmo tempo, vivemos no passado, sentindo-nos culpados por algo que fizemos dias, meses ou até anos atrás. Kieran vive com a culpa diária de que a bebida destruiu sua família. Jason se arrepende amargamente de ter adiado em um dia o retorno para a cabeceira de sua mãe; ela morreu naquela mesma manhã, logo cedo. Marge gostaria de apagar a infidelidade cometida no ano passado. Os chineses dizem: "Não deixe o ontem consumir o hoje", mas algumas pessoas permitem que ele faça exatamente isso. A culpa nos esgota emocionalmente, mantendo-nos melancolicamente absorvidos em nós mesmos e incapazes de estar presentes no momento atual. Outros são como Marc. "Vivo preocupado", confessou. "Eu me preocupo se terei dinheiro suficiente guardado para minha aposentadoria. Perco o sono por causa dos meus filhos e das escolhas que eles estão fazendo. Fico agoniado, pensando na reunião de amanhã com a equipe: 'Preparei tudo que meu chefe queria?'." Pessoas como Marc roem as unhas e ficam obcecadas com coisas que não podem controlar. Um provérbio chinês diz: "Você não pode evitar que os pássaros da preocupação voem sobre você; mas pode impedir que eles construam ninhos em sua cabeça".

Um bebê recém-nascido, por outro lado, não sabe nada sobre o passado ou o futuro. A criança vive no momento presente. Quando está com fome, ela chora. Quando vê algo agradável, ela sorri. A criança demonstra que culpa, preocupação e ansiedade não são naturais. Essas respostas são *aprendidas* à medida que crescemos e amadurecemos: "Você vai ver quando seu pai chegar em casa!" ensina o menino a se sentir culpado; ouvir um pai ou uma mãe preocupados, dizendo: "Não sei como vamos pagar as contas este mês", expõe uma menina à preocupação e à ansiedade. Essas respostas aprendidas nos mantêm no chão e presos no estacionamento do aeroporto.

> Muitas vezes, as pessoas dizem que devemos olhar para os idosos, aprender com sua sabedoria, seus muitos anos de vida. Discordo, digo que devemos olhar para as crianças: imaculadas, sem estereótipos implantados na mente, sem veneno, sem ódio no coração. Quando aprendermos a enxergar a vida através dos olhos de uma criança, tornar-nos-emos verdadeiramente sábios.[1]
>
> Madre Teresa de Calcutá

Jesus insistia que tínhamos muito a desaprender. Ele não queria que ficássemos aprisionados no passado pela culpa e o arrependimento. Muito de seu ministério focava em perdoar e libertar os pecadores de seu passado (Mateus 9,6; Lucas 7,47; 23,34). Porque Jesus não queria que tropeçássemos no amanhã com preocupação e ansiedade, ele exortou seus seguidores a viver no momento presente (Mateus 6,34). Seu ensinamento é simples e direto: "Amém, eu vos digo: se não mudardes e não vos tornardes como crianças, nunca entrareis no Reino dos Céus" (Mateus 18,3).

Vivendo no momento presente

Há muita conversa atualmente na internet, nas mídias sociais e na televisão sobre atenção plena e viver no momento presente. *Best-sellers* internacionais, como *O poder do agora: um guia para a iluminação espiritual*, de Eckhart Tolle

---

[1] *So often people say* [Muitas vezes, as pessoas dizem] Leo Knowles, org., *Catholic Book of Quotations* (Huntington: Our Sunday Visitor Publishing Division, 2004), p. 49-50.

(Rio de Janeiro: Sextante, 2002), nos fazem pensar: "O que é isso afinal? Como essa prática pode ser útil para o discípulo cristão?". A prática da atenção plena é tradicionalmente associada ao Budismo. Segundo essa tradição, refere-se à consciência intencional e sem julgamento do momento presente. Inclui prestar atenção ao aqui e agora e monitorar os pensamentos que flutuam na corrente da consciência. Não julgamos esses pensamentos – apenas os notamos e os deixamos ir. O foco está em nós mesmos e em como nossos pensamentos, às vezes julgadores, moldam nossa compreensão e reação ao momento presente. Ao monitorar nossos pensamentos e as interpretações de diferentes situações, descobrimos como a mente é fonte de tanto sofrimento.

Nos últimos cinquenta anos, muitos médicos e psicólogos promoveram a atenção plena como uma técnica para alcançar um estilo de vida saudável. Foi comprovado que ela ajuda a reduzir a depressão, o estresse e o vício. E pode aumentar a paz interior.

E não é apenas benéfica para nossa saúde mental e física – também é útil para a eficiência e produtividade no local de trabalho. Em 2007, o Google começou a oferecer a seus funcionários um curso de meditação de sete semanas chamado *Search Inside Yourself* [Procure dentro de você]. Aqueles que fizeram o curso disseram se sentir mais calmos, lúcidos e focados.

Eu não sou budista. Eu não sou médico. Eu não trabalho no Google. Sou um cristão comprometido e padre franciscano. Não vou discutir os benefícios da atenção plena na tradição budista ou de acordo com a ciência médica e a *Harvard Business Review* [publicação que tem como principal objetivo a reflexão sobre as melhores práticas na gestão de negócios]. Nossos pensamentos e diálogo interior,

A mística ao alcance de todos 19

realmente, às vezes nos escravizam. As técnicas de atenção plena podem mesmo ajudar muitas pessoas a viver uma vida mais plena e produtiva. No entanto, nossa tradição cristã oferece uma compreensão mais rica e profunda do momento presente que vai muito além da cessação do sofrimento mental, das doenças físicas e distrações no trabalho e, de fato, promove uma espiritualidade mística que leva a renascer como uma criança.

O abandono à Divina Providência, tradicionalmente atribuído ao jesuíta Jean-Pierre de Caussade,[2] escrito entre o final do século XVII e meados do século XVIII, nos dá uma visão do misticismo cristão do aqui-e-agora. De Caussade chama o momento presente de "sacramento".[3] É santo porque é o portal através do qual Deus e os anjos entram em nossa vida. Pense no Senhor visitando Abraão e recebendo hospitalidade na sua tenda em Mambré (Gênesis 18,1-33) ou na visita e convite de Gabriel a Maria (Lucas 1,26-38). Viver com atenção o momento presente é estar aberto à visitação divina.

A história do idoso Simeão também nos alerta para isso (Lucas 2,25-35). Embora os idosos sejam muitas vezes estereotipados como sentimentais vivendo no passado, o devoto Simeão vive ansiosamente no presente e espera que uma promessa divina seja cumprida: ver o Messias do Senhor. Seus olhos estão bem abertos e seu coração está apertado pela expectativa. Quando José e Maria trazem o recém-nascido Jesus ao templo para realizar os rituais

---

[2] Parece ser "quase impossível" que De Caussade seja o autor da obra. Ver Dominique Salin, sj, The Treatise on Abandonment to Divine Providence, *The Way*, 46/2 (April 2007), p. 21-36.

[3] *De Caussade calls the present moment a "sacrament"* [De Caussade chama o momento presente de "sacramento"]: Jean-Pierre de Caussade, *Abandonment to Divine Province*, trad. John Beevers (New York: Doubleday/Image, 1975), p. 24.

costumeiros da lei mosaica, o coração de Simeão, guiado pelo Espírito, se abre e floresce, seus olhos brilham e ele trai sua atenção plena no momento presente logo nas primeiras palavras que saem de sua boca: "Agora, Soberano Senhor, podes deixar teu servo partir em paz, conforme tua palavra" (Lucas 2,29). Com uma visão mística enraizada no momento presente, esse homem justo contempla o divino.

A profetisa Ana nos revela outro tipo de atenção plena, nascida não de um impulso do Espírito como o de Simeão, mas de setenta e sete anos de luto em contínuas orações e jejuns no templo (Lucas 2,36-38). Num relâmpago, o véu do comum é momentaneamente levantado e ela contempla o Verbo feito carne em uma criança. Esse momento a leva a romper em louvor ao testemunhar o início da conclusão da história da salvação.

Mas o momento presente é um sacramento por outra razão. Nas palavras de De Caussade, "Cada momento que vivemos é como um embaixador que declara a vontade de Deus".[4] O aqui-e-agora não deve ser descartado ou ignorado porque revela os anseios e as aspirações divinas nas situações mais comuns: a mão estendida do pobre, o choro da criança, a dor de consciência para perdoar o próximo, ou um paciente com Alzheimer precisando ser alimentado. A necessidade não satisfeita ou o dever exigido desse momento, como nos lembram Abraão e Maria, afirma e proclama o desejo ardente de Deus e seu convite entusiástico de um relacionamento mais profundo com cada um de nós. Se um relacionamento familiar com Jesus é determinado por fazer a vontade de Deus (Mateus 12,50), os

---

[4] *Every moment we live* [Cada momento que vivemos]: De Caussade, *Abandonment to Divine Province*, p. 50.

místicos comuns são aqueles que respondem atentamente, com admiração infantil, aos detalhes simples e entediantes da vida cotidiana. "Seja feita tua vontade." Atenção plena gera misticismo.

Quando estava encarregado dos jovens jesuítas que se preparavam para o sacerdócio, o futuro Papa Francisco lhes deu este sábio conselho: "Façam o que estão fazendo e façam bem".[5] Isso é viver no sacramento do momento presente e responder à vontade de Deus.

"Fazendo a vontade de Deus"

Morei com o idoso Irmão Leon por vários anos. Há muito aposentado de seu ministério como guarda-livros do serviço franciscano aos pobres e necessitados de Chicago, ele passava seus dias orando, assistindo à televisão, limpando a cozinha do convento, arrumando nossa sala de recreação e cuidando de qualquer outra necessidade doméstica. Ele fazia tudo com calma e eficiência. Ao final do dia, quando perguntado como havia passado o dia, Leon respondia de forma direta e simples: "Fazendo a vontade de Deus".

Ao longo dos anos, ele descobriu que a necessidade não atendida ou o dever exigido a cada momento era o embaixador da vontade divina.

---

[5] *Do what you are doing* [Façam o que estão fazendo]: Chris Lowney, When Pope Francis Was Put On Laundry Duty, November 17th, 2013, <http://religion. blogs.cnn.com/2013/11/17/when-pope-francis-was-put-on-laundry-duty>.

> Cada minuto da vida tem seu dever peculiar – independentemente da aparência que esse minuto possa ter. O Agora é o momento da salvação. Cada reclamação contra ele é uma derrota; cada ato de resignação a ele é uma vitória. O momento é sempre uma indicação da vontade de Deus para nós... Nada é mais individualizado às nossas necessidades espirituais do que o Agora; por isso é uma ocasião de conhecimento que mais ninguém alcança. Esse momento é minha escola, meu livro, minha lição... Aceitar o dever desse momento para Deus é tocar a Eternidade, é fugir do tempo.[6]
>
> Fulton J. Sheen

"Mas não é imprudente viver como o Irmão Leon? Como pai, preciso ser sensato. Como funcionário, preciso ser consciente. Não é irresponsável estar atento ao momento presente e negligenciar o passado e o futuro?", você pode perguntar. Sim, certamente é! Mas viver no momento presente e responder à sua necessidade não atendida ou dever exigido não significa ignorar o passado e o futuro. Ao contrário, eles exigem que nós, como o Irmão Leon me lembrava, estejamos atentos ao sacramento do momento presente como um embaixador – uma expressão – da vontade de Deus exatamente aqui, exatamente agora. Se o momento presente está me pedindo para olhar para o passado e equilibrar minha conta bancária ou fazer um

---

[6] *Each minute of life* [Cada minuto da vida]: Fulton J. Sheen, From the Angel's Blackboard: The Best of Fulton J. Sheen, A Centennial Celebration (Liguori: Triumph Books, 1995), p. 6.

exame de consciência, eu o faço. Se está me pedindo para viver no futuro e planejar o cardápio para a próxima semana ou discutir meus planos de aposentadoria com um planejador financeiro, eu o faço. Não é uma questão de escolher entre passado, presente ou futuro. É uma questão de estar presente onde estou e permitir que esse embaixador me mostre onde deve estar meu foco – e qual é a vontade de Deus.

"Mantenha a morte diante de seus olhos"

O Irmão David Steindl-Rast, osb, de 93 anos, é um autor, palestrante e monge beneditino conhecido internacionalmente. Quando Oprah Winfrey o entrevistou no seu programa de entrevistas *Super Soul Sunday*,[7] ele ofereceu uma maneira prática de viver o momento presente.

Steindl-Rast cresceu na Áustria ocupada pelos nazistas e mencionou que, com bombas caindo por toda parte, "ficava surpreso por continuar vivo. Isso me forçou a viver no momento presente". Ele continuou com uma história sobre um de seus professores passar a lição de casa para a quinta-feira seguinte. "A turma inteira começou a rir", riu Steindl-Rast. *"Próxima quinta-feira?* Quem sabe se haverá uma próxima quinta-feira?" A possibilidade diária da morte ensinou a ele e a seus colegas como viver no aqui-e-agora.

A despeito de seus professores nazistas, que não queriam que os alunos lessem nada espiritual, o futuro monge beneditino começou a ler a Regra de São Bento. Descobrindo a advertência de São Bento no capítulo quatro – "Mantenha

---

[7] *Super Soul Sunday*: o programa foi ao ar em 29 de outubro de 2017, em Oprah Winfrey Network.

a morte diante de seus olhos o tempo todo" –, Steindl-Rast admitiu: "Essa frase me tocou profundamente. Percebi mais tarde que me dava grande alegria – ter a morte diante de mim o tempo todo – porque me forçava a viver no momento presente". Mencionei a ideia de manter a morte diante de nossos olhos a um orientador espiritual, que não a entendeu. "Não quero viver com uma obsessão pela moralidade a cada ação que realizo", disse ele. "Viver com a morte diante dos meus olhos me faria encolher de vergonha, culpa e remorso por meus pecados passados e querer me esconder nos arbustos. Isso me deixa nervoso e instila medo sobre o julgamento futuro de Deus."

A própria experiência de Steindl-Rast e a tradição beneditina oferecem outra perspectiva e interpretação testadas pelo tempo. Viver com a morte à nossa frente não significa sofrer com medo do passado ou angustiar-se pelo futuro; significa inspirar fascínio e deleite neste exato momento que se desenrola diante de nós. Como de repente nos encontramos em um beco sem saída, a morte nos traz para o momento presente e nos convida a tomar consciência de onde estamos aqui e agora. Desde ver o sol se pôr no horizonte até ouvir uma música que desperta uma memória do ensino médio, a morte inspira – do latim *inspirare*, "soprar em ou sobre", originalmente usado para um ser divino, no sentido de "transmitir uma verdade ou ideia para alguém" – a celebração da vida. É o que nos faz voltar para a cabine da primeira classe.

Um método de quatro passos

Eu tinha cinco anos quando minha mãe me ensinou a atravessar a rua. "Lembre-se sempre, Albert", ela me disse, "quando você chegar ao meio-fio, pare, olhe, ouça – e se você não vir ou ouvir nada –, vá". Esses quatro passos simples são úteis para viver no momento presente e experimentar o misticismo mundano. Eis uma prática simples de dois minutos que o levará de volta para onde você está.

Comece *parando*. Deliberadamente, saia do estacionamento do aeroporto e volte para o avião. "Recolha-se" e reúna-se de todos os diferentes lugares em que você está se bilocando mentalmente – sejam eles no passado ou no futuro.

Lembro-me de Catherine me contando seu método de recolhimento. "Eu paro intencional e momentaneamente e fecho meus olhos. Respiro fundo algumas vezes. 'Cathy', eu chamo a mim mesma, 'onde você está?'. E eu respondo, 'Estou aqui, bem aqui'. Abro os olhos e olho brevemente ao redor. Acredite ou não, de repente me encontro exatamente onde estou. Funciona todas as vezes."

Uma vez que você tenha retornado ao momento presente com o recolhimento, *olhe*. Preste atenção aos seus sentidos. O que você está ouvindo? Vendo? Sentindo? Saboreando? Cheirando? Seus cinco sentidos são as chaves que abrem a porta do tabernáculo para o sacramento do momento presente. É importante que você tome seu tempo e se delicie aqui. Concentre-se no olfato, se estiver em uma floricultura; saboreie sua moqueca de frutos do mar; sinta a suavidade da pele do bebê; ouça o arrulhar da rolinha; veja o desespero no rosto do mendigo. Viva plenamente este momento único e irrepetível. Isso nunca, nunca vai acontecer novamente.

Anos atrás, tive a oportunidade de viajar pela Europa Ocidental. Voando para a Bélgica, percorri lentamente meu caminho de trem pela Alemanha, Suíça, Áustria, França e Itália. Eu tinha a intenção de fotografar marcos notáveis e locais turísticos. Ao voltar para casa, repassando as fotos, percebi que tinha visto o campanário e o mercado de Bruges, a Marienplatz de Munique, o Palácio de Schönbrunn de Viena, as obras de arte expostas na Kunsthaus de Zurique, a Torre Eiffel e o Arco do Triunfo de Paris, o Coliseu e a Fontana de Trevi de Roma. Mas, enquanto olhava as fotos, ficava me perguntando: "Será que eu estava mesmo ali?". Eu não tinha memória de ter estado em nenhum desses lugares. A única lembrança vívida que eu tinha da minha viagem pela Europa era a de caminhar pelos terrenos do campo de concentração de Dachau em silêncio e horror; eu levara minha câmera, mas, ao chegar ali, percebi que até pensar em tirar fotos era algo totalmente inapropriado.

Aprendi uma importante lição com essa viagem. As fotografias são incapazes de substituir o que apenas nossos cinco sentidos conseguem captar: a experiência do agora, o sacramento do momento presente.

Tendo atendido aos seus cinco sentidos, *ouça* brevemente. Reflita sobre o que seus sentidos estão registrando. Meu amigo Dennis acha útil perguntar a si mesmo: "O que Deus está me dizendo agora? O que Deus está me pedindo para fazer?". Parar momentaneamente e ponderar sobre essas duas questões pode revelar uma necessidade não atendida ou um dever exigido. O terceiro passo é deixar o momento presente ser o embaixador que declara a vontade de Deus.

> Estar presente com atenção plena é a prática: fazemos a vontade de Deus momento a momento e renunciamos de todo o coração a qualquer preocupação com os frutos da ação (resultados). Colocamo-nos nas mãos de Deus e não temos comentários internos sobre como fizemos e como o que fizemos se desenvolveu. Não sabemos se seremos de algum benefício para os outros ou para nós mesmos.[8]
>
> Mary Margaret Funk, osb

Seu recolhimento (parar), atenção (olhar) e reflexão (ouvir) devem florescer em uma resposta. *Vá.* A necessidade não atendida ou o dever exigido pode levá-lo à oração ou ao silêncio contemplativo. Pode fazer com que você compartilhe seu tempo, talentos ou tesouro com alguém menos afortunado. Pode ser necessário trocar uma fralda ou resistir à tentação de tirar uma foto com o celular. Pode desafiá-lo a visitar um vizinho e oferecer um pedido de desculpas. O místico comum – como os idosos Abrão e Sarai sentados em casa (veja Gênesis 12,1-9), o jovem Samuel deitado no templo (veja 1 Samuel 3,1-9), Mateus em seu local de trabalho (veja Mateus 9,9-13), a mulher samaritana atendendo às necessidades de sua casa (veja João 4,1-42), ou Zaqueu no sicômoro (veja Lucas 19,1-10) – está bem ciente de que Deus está esperando uma resposta aqui e agora.

---

[8] *Being present with full attention* [Estar presente com atenção plena]: Mary Margaret Funk, osb, *Discernment Matters: Listening with the Ear of the Heart* (Collegeville: Liturgical Press, 2013), p. 82.

Para quem vive com atenção plena, cada momento é um convite divino. Ao final do dia, quando perguntado sobre o que fez durante todo o dia, você pode dar a resposta do Irmão Leon: "Fiz a vontade de Deus". Lembro-me de uma entrevista de rádio quando apresentei essa técnica simples de dois minutos. Alguém ligou e questionou. "Padre", a mulher perguntou, "isso não é um pouco estranho e artificial?". Eu não poderia ter concordado mais. É artificial e forçado. Mas essa estranheza revela o pouco tempo que passamos aqui e agora. Temos que fazer um esforço consciente e deliberadamente retornar – ou talvez seja mais correto dizer, *chegar* – para onde realmente estamos.

Ao praticar essa técnica de dois minutos algumas vezes ao dia, você estará no caminho para criar um novo hábito. Gradualmente, esse hábito se tornará uma segunda natureza. Antes que perceba, você se surpreenderá por, de repente, estar exatamente onde está! É assim que um adulto se torna uma criança – e um místico.

Efeitos

Craig estava dirigindo pela estrada quando viu um carro no acostamento com o pisca-alerta ligado e uma mulher parada ao lado dele. Ainda sob efeito do espírito natalino, ele fez o retorno e estacionou atrás do outro veículo.

"Qual é o problema?", ele perguntou.

"O pneu furou."

Craig olhou para dentro do automóvel e viu um homem usando próteses e um bebê em uma cadeirinha.

"Acho que posso ajudá-los", disse ele.

Depois de ajudar os passageiros a sair do carro, Craig abriu o porta-malas e começou a trocar o pneu.

Vinte minutos depois, a mulher agradeceu profusamente, voltou para o carro com os passageiros e foi embora. No dia seguinte, na missa dominical, festa da Sagrada Família, seus pensamentos se voltaram para a família que ajudara. Quando o padre mencionou casualmente: "A Sagrada Família nos toca e entra em nossa vida das maneiras mais comuns", Craig ficou pasmo. Ele inclinou a cabeça, segurou as lágrimas e perguntou a si mesmo, maravilhado: "Será que eles poderiam realmente ser a Sagrada Família?".

A atenção plena nos compele, como aconteceu com Craig, a responder à necessidade não atendida ou ao dever exigido ao alcance de nossas mãos. Essa resposta pode levar à admiração e à surpresa, duas qualidades infantis que encantam o Deus do disfarce. Jesus deu a entender isso em sua parábola sobre o julgamento das nações (veja Mateus 25,31-46). Os justos à direita do Filho do Homem são convidados a herdar o Reino preparado para eles: "Pois tive fome e me destes de comer, tive sede e me destes de beber, era estrangeiro e me acolhestes; estava nu e me vestistes, doente e me visitastes, no cárcere e viestes a mim" (Mateus 25,35-36). Os justos ficam pasmos e são pegos de surpresa. Temendo que o Filho do Homem estivesse enganado, eles perguntam com espanto: "Senhor, quando te vimos faminto e te demos de comer, ou sedento e te demos de beber? Quando te vimos como um estrangeiro e te acolhemos, ou nu e te vestimos? Quando te vimos doente ou no cárcere e fomos a ti?". Destacando o sacramento do momento presente, o Filho do Homem responde: "Amém, eu vos digo: toda vez que fizestes isso a um desses meus irmãos menores, a mim o fizestes" (Mateus 25,40).

Como Craig e os justos da parábola, nem sempre estamos conscientes de que estamos diante do portal para o sagrado. No entanto, com um desejo ardente e um convite entusiástico para um relacionamento mais profundo, Deus oferece a necessidade não atendida ou o dever exigido neste momento como uma oportunidade para nos colocarmos à porta. Nossa resposta amorosa e espontânea – seja ela lúdica, pragmática ou proativa –, às vezes, revela um toque divino e, em retrospecto, desperta surpresa, admiração e espanto. Essas três emoções alimentam os místicos comuns.

A jornada espiritual nos desafia a não nos sentirmos culpados pelo passado ou ansiosos pelo futuro; nossa tarefa é entregar o passado à misericórdia de Deus e oferecer o futuro em confiança a Deus. Nossa peregrinação diária é para a cabine do avião chamada "momento presente". Aqui experimentamos o extraordinário no ordinário, quando Deus e os anjos nos chamam a uma necessidade não atendida ou a um dever exigido. Há misticismo neste momento mundano para aqueles que vivem com atenção plena.

Praticar

Passe dois minutos experimentando o sacramento e embaixador do momento presente praticando os quatro passos: pare, olhe, ouça, vá.

O que descobriu sobre o convite e a vontade de Deus com relação a você aqui e agora?

Se possível, comprometa-se a praticar este exercício três ou quatro vezes durante o dia. À noite, avalie o quanto foi útil para você.

Refletir

1. Como a compreensão do Irmão Leon sobre a vontade de Deus confirma ou desafia sua compreensão da vontade de Deus?
2. Quais são algumas das necessidades comuns não atendidas ou deveres obrigatórios de sua vida diária? Quão consciente você está de que eles são potenciais portais para o sagrado?

Ponderar

O misticismo começa vivendo no sacramento do momento presente e permitindo que esse embaixador declare a vontade de Deus em sua necessidade não atendida ou dever exigido.

2

O que está faltando

A autoconsciência sabota o pecado

Recentemente, contei a um amigo sobre minha frustração com a vida espiritual. "Quando examino minha consciência e nomeio os pecados que cometi no último dia, semana ou mês, percebo que os cometo repetidamente. Continuo caindo na armadilha do orgulho, da ganância e do egoísmo. Sou pego em pequenas mentiras para proteger minha reputação. Não sou tão generoso com meu tempo e dinheiro, porque temo que não sobrará o suficiente para mim e minhas necessidades. Estou muito envergonhado de meu egocentrismo e fixação em meus sentimentos.

Qualquer um pensaria que, na minha idade, eu teria desenvolvido maneiras mais criativas de pecar!"

Meu amigo ofereceu uma pílula de sabedoria popular que me deu motivo para parar e refletir. Ele incentivou minha autoconsciência. "Superar os pecados, você sabe, é metade da batalha. Muitas pessoas não praticam um exame de consciência. Em vez disso, elas vivem no piloto automático, sem autorreflexão. É por isso que cometem os mesmos pecados repetidamente." Ele então acrescentou: "Mas o verdadeiro desafio – depois que você se conscientiza de seus pecados-padrão – é ir mais fundo e se perguntar *por que* você comete esses pecados. É quando você descobrirá o que eu chamo de 'rachaduras na alma'. Geralmente, há uma, duas ou três delas em cada um de nós. A grande maioria dos seus pecados é sintoma dessas rachaduras – os pecados geralmente são setas de neon apontando para sua fraqueza fundamental, sua deficiência, a fratura na alma. Ponderar sobre seus pecados pode levá-lo à fonte deles. Saber da rachadura dará uma consciência adicional que pode ser útil para resistir aos seus pecados".

O conselho do meu amigo reafirmou a importância da atenção plena. A consciência de nossos pecados-padrão e a reflexão sobre sua origem podem dar início a nossa resposta ao desejo ardente de Deus e ao convite entusiástico para um relacionamento mais profundo. Para o místico comum, a atenção plena gera contrição, arrependimento e conversão.

Infância e educação

Certa vez, ouvi uma psicóloga falar sobre o profundo efeito que nossa infância e educação têm sobre nós. Ela comparou as experiências de uma criança recém-nascida com a fundação de um edifício. Os pais lançam essa base nos primeiros dez anos, e o produto final muitas vezes trai a própria experiência de infância deles mesmos com seus pais. Destacando como nossos primeiros anos dependem das experiências de nossos pais, ela disse: "Você ficaria surpreso com a forma como a história se repete".

Outros psicólogos, no entanto, observam como a base de uma pessoa pode mudar ao longo do tempo. Reconhecendo a importância de nossos primeiros anos, esses psicólogos advertem contra a crença de que nossa vida adulta é determinada por nossa infância. Assim como alguns de nós, com uma educação sólida, lutam para se ajustar a uma vida adulta saudável, outros, cujos primeiros anos de vida foram marcados por dificuldades, se ajustam bem à idade adulta. Nada está escrito em pedra. Como um psicólogo escreve: "Uma pessoa com uma sólida formação e grande potencial pode construir uma mansão ou um casebre; outra, com um potencial mais modesto, pode construir uma charmosa cabana".[1]

A experiência do amor é uma parte importante da formação de uma criança. Andrew lembra que seus pais não demonstravam afeto e pareciam indiferentes. "Achava que aquilo era o normal. Sempre senti que a atenção e o amor tinham de ser conquistados. Então eu era muito obediente e me esforçava muito na escola. Às vezes, era recompensado por meu pai com um tapinha nas costas ou com palavras de encorajamento de minha mãe."

A experiência de Andrew é um lembrete de que a infância é uma escola onde aprendemos sobre o amor. É oferecido incondicionalmente ou precisa ser conquistado? O

---

[1] *The one with a large foundation* [Uma pessoa com uma sólida fundação]: Benedict J. Groeschel, cfr, *Spiritual Passages: The Psychology of Spiritual Development* (New York: Crossroad, 1983), p. 45.

A mística ao alcance de todos 35

amor condicional quebra a alma de uma criança e, quando adulta, a pessoa corre o risco de se tornar alguém que disputa a atenção, aprovação e apreciação dos outros a qualquer custo.

Yolanda é uma mulher confiante e vibrante na casa dos trinta anos. "Fui criada em um bairro difícil de Detroit", ela me disse. "Mas isso não impediu que meus pais me dessem uma infância maravilhosa. Eles eram pessoas incríveis. Meu padrasto me enchia de elogios e me dava a sensação de que eu poderia ser e fazer qualquer coisa, apesar de nosso ambiente modesto. Minha mãe era a disciplinadora; embora ela me desafiasse e corrigisse meu mau comportamento, nunca me senti criticada. Meus pais me abençoaram com um senso de autoaceitação, autorrespeito e autoestima."

Seus pais eram generosos com elogios ou eles se seguravam? A crítica era frequente e dura, diminuindo, assim, sua autoaceitação, autorrespeito e autoestima? A falta de apreço e a sensação de desaprovação fragilizam o caráter de uma pessoa e, às vezes, a torna emocionalmente carente. Se isso sair do controle, o adulto pode ficar propenso a várias formas de compulsão ou vício para aliviar a dor de não se sentir aceito.

Como os pais respondem às esperanças e sonhos de seus filhos? *Feedbacks* negativos ou desrespeito às vezes podem ser prejudiciais e fazer com que uma pessoa reprima ou negue os desejos mais ardentes. Essa pessoa cresce para se tornar um alguém aprazível que, como um camaleão, muda de cor, dependendo do ambiente ao seu redor.

Reflita sobre sua infância e educação por um momento. Qual é a sua reação inicial a elas? Você se lembra de ser uma criança feliz ou triste? Você se sentia amada e valorizada ou se lembra de ter sido esquecida e ignorada?

Como sua infância e educação influenciaram suas esperanças, sonhos e desejos como adulto?

Os efeitos da tragédia

E não é apenas a família que fundamenta e molda a criança. As experiências traumáticas da infância também deixam sua marca. Dos meus quatro irmãos, eu era o mais próximo do meu pai. Nosso vínculo era muito mais profundo do que o fascínio que compartilhávamos por relógios caros e ia muito além dos momentos que passávamos juntos no carro, enquanto ele me levava para participar da missa diária como coroinha. Papai era meu ídolo. Seu abraço amoroso era muitas vezes um lugar de refúgio e segurança. Em uma família em que os três meninos foram ensinados a não falar sobre seus sentimentos, eu costumava dizer a ele: "Quero ser como você quando crescer".

Aos treze anos, meu espírito adolescente foi roubado e catapultado para a idade adulta com a morte de meu pai por suicídio. Esse incidente não apenas fraturou minha alma, mas também marcou minha personalidade. Sou excessivamente sensível ao sentimento de abandono e por não ser convidado ou incluído em reuniões. Eu anseio por amor, mas inicialmente hesito em me aproximar das pessoas e fazer amigos por medo de que me abandonem. Com o tempo, descobri que esses traços de personalidade – "rachaduras na alma", como meu amigo os chama – são resultado direto da internalização e personalização do suicídio de meu pai.

A mística ao alcance de todos 37

> Nossa jornada espiritual não começa do zero. Carregamos conosco um conjunto pré-embalado de valores e ideias preconcebidas que, a menos que sejam confrontados e redirecionados, logo irão afundar nossa jornada, ou então transformá-la em farisaísmo, o risco ocupacional de pessoas religiosas e espirituais.[2]
>
> Thomas Keating

Nossa educação, com suas experiências positivas e negativas, molda os contornos do que se torna o ego adulto. O falecido monge trapista Thomas Keating costumava dizer que à maioria de nós faltou (ou *achamos* que faltou) alguma coisa na infância (fatos e percepções formam nossa realidade); consequentemente, ao longo do tempo o ego desenvolve uma ou mais obsessões. Essas obsessões emergem das rachaduras da alma. Vamos dar uma olhada nelas e ver como se tornam potenciais fontes de nossos pecados-padrão.

Obsessões do ego

Preocupação consigo mesmo. Durante a infância e adolescência, Melanie viveu em três lares acolhedores. Ela foi adotada aos quinze anos por um casal bem-sucedido que a cobriu de amor. Mas a lembrança de passar por três

---

[2] *Our spiritual journey* [Nossa jornada espiritual]: Thomas Keating, *Foundations for Centering Prayer and the Christian Contemplative Life [Open Mind, Open Heart; Invitation to Love; The Mystery of Christ]* (New York: Continuum, 2002), p. 135.

famílias acolhedoras já havia feito um buraco no coração de Melanie. Porque *sente* que não foi amada o suficiente quando criança, ela é fixada em si mesma. Sua *preocupação consigo mesma* aparece em seu exagerado senso de direito: ela é exigente, muitas vezes sugerindo que merece um tratamento melhor, mais reconhecimento e até bens materiais específicos. Quando lhe pedem um conselho ou um favor, ela descaradamente pergunta: "O que eu ganho com isso?". A obsessão de Melanie consigo mesma a faz espionar a vida dos outros. Ela luta contra a ira e a inveja, dois dos sete pecados capitais tradicionais, ao perceber familiares e amigos que têm mais bens materiais e são mais respeitados do que ela. Para muitas pessoas como Melanie, a preocupação consigo mesmas é fonte de ira e inveja.

Autoimagem. Um adulto que foi uma criança negligenciada ou subestimada poderia desenvolver um ego inflado. Estou pensando em Clarence, que exige em seu local de trabalho o que não teve na infância. Vive preocupado com sua reputação e com o que as pessoas pensam dele. Seu pior medo é parecer bobo. Essa obsessão com sua *autoimagem* muitas vezes explode em pecados de orgulho e ira. Ele aumenta cada vez mais seu senso de importância, ao valorizar seus dons e talentos e ao exibir suas realizações diante dos outros. Ele é rápido em liberar sua raiva sobre qualquer um que se atreva a perguntar: "Quem Clarence pensa que é?".

Autogratificação. Alguns adultos pensam na infância e não conseguem lembrar-se de terem sido felizes. Eles lutam para ver através de uma espessa névoa de tristeza ou sofrimento. Talvez a lembrança de um comentário cruel do pai em um momento de frustração tenha prejudicado seu crescimento emocional, ou um ato inadequado de um vizinho os tenha traumatizado. Qualquer experiência na infância pode desencadear uma obsessão adulta com a *autogratificação* verbalizada de inúmeras maneiras: "Quero me sentir bem"; "Evito a dor a qualquer custo"; "Preciso ser amado e estimado por todos". A autogratificação torna-se um risco quando é buscada consistentemente. Ela pode ser a fonte de três tradicionais pecados capitais: luxúria, gula e preguiça. Conheça os antecedentes dos envolvidos na indústria da pornografia e descobrirá que o sexo, um dom oferecido por Deus para celebrar o amor entre duas pessoas e trazer vida ao mundo, é comumente usado como forma de mascarar a dor de algum trauma de infância. A gula e várias formas de comportamento compulsivo – seja compulsão por comida, álcool, compras ou jogos de azar – tornam-se uma miragem para a qual corremos na esperança de encontrar alívio das emoções implacáveis que queremos evitar e, assim, suprimir. A preguiça, o pecado mortal de ignorar e desistir do desejo de Deus por um relacionamento mais profundo, parecem atraentes quando nosso progresso espiritual mínimo nos desencoraja e nossa vida espiritual monótona nos decepciona.

Autopreservação. Dennis cresceu na pobreza e em um lar desfeito. Ele lembra que os Natais eram frugais, com poucos presentes. Sua família nunca comeu em um restaurante. "Meus colegas de escola eram despreocupados, mas eu achava a vida dura e amarga", disse-me ele durante uma sessão de orientação espiritual. Muitos de seus pecados se concentram em uma quarta obsessão do ego, a *autopreservação*. Em sua preocupação em ter comida, dinheiro e segurança suficientes – coisas que lhe faltavam quando criança –, ele luta contra o egoísmo e o espírito egocêntrico. Está bem ciente de como o pecado mortal da ganância molda sua falta de empatia para com os mendigos que encontra em sua caminhada diária da estação de trem ao escritório.

Suporte de vida para os sete pecados capitais

Para a maioria de nós, uma ou mais dessas quatro obsessões do ego se tornam o "sistema operacional" emocional que administra nossa personalidade. As tentativas de satisfazer a preocupação com nosso próprio interesse, nossa autoimagem, autogratificação ou autopreservação potencialmente alcançam um de dois resultados. Se as tentativas não forem bem-sucedidas, ficamos frustrados e infelizes. Equilibramos erroneamente a felicidade ao receber uma recompensa, reforçar nossa reputação, sentir-nos bem ou depositar mais dinheiro no banco – em outras palavras, ao satisfazer as obsessões do ego. Pense no jovem rico que não estava disposto a vender seus bens e que foi embora triste quando Jesus desafiou sua obsessão e lhe ofereceu um caminho para a vida eterna (Marcos 10,17-22).

Se as tentativas de satisfazer a obsessão do ego forem bem-sucedidas, provavelmente cairemos no pecado. Sendo criaturas de hábitos que vivem no piloto automático, tendemos a escolher o que funcionou no passado. Essas escolhas podem se tornar o sistema de suporte à vida para os tradicionais sete pecados capitais:

- *O orgulho adora se enfeitar diante do espelho da autoimagem.*
- *A ira só se preocupa consigo mesma e sua autoimagem.*
- *A inveja é obstinada pela preocupação consigo mesma.*
- *A luxúria é apaixonada pela autogratificação.*
- *A gula tem apetite voraz por autogratificação e autopreservação.*

- *A ganância sofre com a autopreservação.*
- *A preguiça é dominada pela autogratificação.*

É por isso que às vezes cometemos os mesmos pecados repetidamente. Essa é a origem de nossos pecados-padrão: eles são nossas tentativas vãs de apaziguar nossa obsessão pelo ego – e rapidamente nos tornamos conscientes da sede insaciável do ego por satisfação.

Um exame de consciência

> Precisamos [de discernimento] em todos os momentos, para nos ajudar a reconhecer o cronograma de Deus, para não deixarmos de atender aos impulsos de sua graça e desconsiderarmos seu convite para crescer... Por isso, peço a todos os cristãos que não omitam, no diálogo com o Senhor, um sincero "exame de consciência diário".[3]
>
> Papa Francisco

Como muitas pessoas vivem no piloto automático e caminham como sonâmbulas no momento presente, elas podem estar cientes dos pecados que normalmente cometem – seus pecados-padrão –, mas não sabem *por que* os cometem. Essa foi a minha experiência quando conversei com meu amigo. Uma prática espiritual que ajuda a desligar o

---

[3] *We need [discernment]* [Precisamos (de discernimento)]: Papa Francisco, *Gaudete et Exsultate: On the Call to Holiness in Today's World*, 50, <http://w2.vatican.va/content/francesco/en/apost_exhortations/documents/papa-francesco_esortazione-ap_20180319_gaudete-et-exsultate.html, #169>.

piloto automático e a promover a autoconsciência atenta é o exame de consciência. É útil para qualquer místico comum sobrecarregado pelo peso de pecados recorrentes.

Há muitas maneiras de praticar um exame de consciência. Reflita sobre os Dez Mandamentos e, para cada um deles, pergunte a si mesmo:

- *Quão bem eu respeito esse mandamento diariamente?*
- *Quando e por que eu tento desobedecê-lo?*
- *Com que frequência eu o desobedeço?*

Outro exame de consciência baseia-se nas bem-aventuranças. Ao ler cada uma, encontradas em Mateus 5,3-12, pergunte a si mesmo:

- *Como testemunho essa bem-aventurança em minha vida cotidiana?*
- *Como e por que ela desafia meu estilo de vida atual?*
- *Quais pensamentos, palavras e ações podem fortalecer minha expressão dessa bem-aventurança?*

Eis ainda um terceiro exame de consciência. É um pouco mais desafiador e requer cerca de uma hora para ser concluído. Baseia-se nos sete pecados capitais e nos três relacionamentos essenciais de um místico comum: Deus, os outros e ele mesmo.

Passe alguns minutos respirando profundamente e reunindo seus pensamentos. Volte para o momento presente. Fique por um bom tempo pesquisando e refletindo sobre seus pensamentos, palavras e ações nos últimos dois meses.

Talvez seja útil desenhar um grande círculo em uma folha de papel em branco. Divida o círculo em três partes e nomeie cada uma delas: "Deus", "Os outros", "Eu".

Relacionamento com Deus. Ao ponderar sobre a parte nomeada "Deus", faça a si mesmo as seguintes perguntas.

- Orgulho: Quando recebi reconhecimento pelos dons e talentos que me foram dados por Deus? Como me recusei a reconhecer minha dependência absoluta de Deus? Por quê?

- Ira: Quando me recusei a expressar minha decepção ou desespero a Deus? Como eu escondi emoções desconfortáveis de Deus? Por que acho que alguns sentimentos são impróprios para apresentar a Deus?

- Inveja: Quando dei mais importância ao que os outros têm – seja poder, prestígio ou bens materiais – e não reconheci com gratidão o que me foi dado por Deus? Por que quero mais e por que estou insatisfeito com o que Deus me deu?

- Luxúria: Como usei mal ou não aceitei o dom de Deus da minha sexualidade? Por quê?

- Gula: Como eu esperava que as coisas materiais – comida, bebida, drogas, roupas, jogos – satisfizessem o que só Deus pode satisfazer? Por que escolho essas coisas?

- Ganância: Como minhas atitudes e ações traíram meu medo de que Deus não me proveria? Por que permito que essas atitudes e ações persistam?

- Preguiça: Como e quando permiti que o desapontamento e o desânimo em minha vida espiritual afetassem meu tempo de oração? Quantas vezes deixei de reservar tempo para Deus ou me recusei a reconhecer o seu convite para um relacionamento mais profundo? Por quê?

Enquanto você reflete sobre o "Por quê?" final depois de cada pecado, considere escrever na área correspondente quaisquer *insights* que descobrir sobre seu relacionamento com Deus.

Relacionamento com os outros. Ao refletir sobre a parte nomeada "Os outros", faça a si mesmo as seguintes perguntas.

- *Orgulho: Quando lembrei a alguém de quão importante acho que sou? Quantas vezes usei minhas realizações e sentimentos de superioridade para menosprezar outras pessoas? Por que preciso me sentir mais importante que os outros?*
- *Ira: Quando minha resposta dura levou as pessoas às lágrimas? Quantas vezes senti a necessidade de punir alguém? Por que costumo usar a raiva como resposta às situações?*
- *Inveja: Com que frequência senti inveja das realizações ou dos bens de outra pessoa? Quando senti ciúme dos relacionamentos de outra pessoa? Por que preciso me comparar com os outros?*
- *Luxúria: Quando olhei ou usei os outros como objeto para minha satisfação pessoal? Como minhas ações apoiaram a indústria da pornografia? Por que a expressão inadequada de meus desejos sexuais é um problema para mim?*
- *Gula: Quando me deixei seduzir pela indústria da publicidade, pelos comerciais de televisão e anúncios de mídia social? Por que é importante para mim ter mais e mais?*
- *Ganância: Quantas vezes me recusei a compartilhar meu tempo, talentos ou valores com os necessitados? Quando ignorei a mão estendida ou a necessidade não atendida do momento? Por que me recuso a compartilhar o que tenho com os outros?*
- *Preguiça: Quando me recusei a fortalecer os relacionamentos com meus familiares e amigos mais próximos? Com que frequência minhas ações e atitudes em relação aos outros têm decepcionado aqueles que mais amo? Por que hesito em demonstrar meu amor e carinho?*

Enquanto você reflete sobre o "Por quê?" final depois de cada pecado, considere escrever na área correspondente quaisquer *insights* que descobrir sobre seu relacionamento com os outros.

Relacionamento consigo mesmo. Ao refletir sobre a parte rotulada de "Eu", faça a si mesmo as seguintes perguntas:

- *Orgulho: Quando demonstrei um respeito próprio doentio? Como permito que minha falta ou excesso de autoestima afete minhas atitudes e ações? Por que o respeito próprio e a autoestima são tão importantes para mim?*
- *Ira: Quando permiti que a raiva e a frustração fervessem dentro de mim? Com que frequência expressei raiva de forma inadequada? Por que sinto que é sempre importante escondê-la ou expressá-la?*
- *Inveja: Quantas vezes senti que não tinha o suficiente e queria mais? Por que os bens materiais são tão importantes para mim?*
- *Luxúria: Quando desrespeitei meu corpo? Com que frequência permiti que meus impulsos sexuais controlassem minhas atitudes e ações? Por que não controlo meus desejos sexuais?*
- *Gula: Com que frequência consumo comida, bebida, faço compras ou jogo em demasia? Quando disse a mim mesmo: "Fui longe demais"? Por que exagero?*
- *Ganância: Quando me agarrei a algo que poderia ter compartilhado? Quantas vezes percebi que estava acumulando? Por que sinto a necessidade de me apegar tanto a algumas coisas?*
- *Preguiça: Com que frequência permiti que o desânimo e a desilusão afetassem minhas atitudes e ações? Quando desisti de um compromisso ou promessa? Por que deixo o desespero e a melancolia influenciarem minhas atitudes e ações?*

Enquanto você reflete sobre o "Por quê?" final depois de cada pecado, considere escrever na área correspondente quaisquer *insights* que descobrir sobre seu relacionamento consigo mesmo.

O implacável "por quê?"

Você provavelmente notou que o exame de cada pecado terminava com um "Por quê?". Formular lentamente uma resposta é fundamental para discernir quais das quatro obsessões do ego estão controlando sua vida. Mas é mais fácil falar em desmascarar a obsessão do que efetivamente fazê-lo. Raramente a expomos em uma sessão de exame de consciência. O ego é altamente protetor de si mesmo, facilmente ameaçado e justifica sua obsessão sob camadas e mais camadas de racionalizações. Você deve ser paciente ao se desfazer e desafiar as racionalizações com honestidade e objetividade firmes.

Se está tendo dificuldade em responder ao "Por quê?" ou descobrindo sua obsessão pelo ego, pode ser útil perguntar: "O que faltou ou que eu *acho* que faltou na minha infância?". Isso muitas vezes leva às rachaduras em sua alma que moldam o ego. Como o ego fica atento quando exposto, você sabe que está chegando perto de nomear a obsessão quando sua resposta à pergunta começa a fazê-lo se contorcer ou lhe causa constrangimento.

Levei mais de oito meses praticando esse exame de consciência mensalmente antes que minhas obsessões do ego se tornassem manifestamente claras. O atraso foi causado por espessas camadas de desculpas que protegiam meu ego; levou tempo para que elas o encobrissem. Mas, uma vez que estava disposto a ser honesto comigo mesmo e a admitir como minhas racionalizações eram frágeis, muitas vezes percebi como uma preocupação excessiva com minha autoimagem e autopreservação eram as fontes de meus pecados-padrão recorrentes de orgulho e ganância. Não surpreendentemente, eles surgiram da experiência de personalizar o suicídio do meu pai no início da minha adolescência. Sendo o filho mais próximo de meu pai, achava que o tinha desapontado, colaborando, assim, para sua morte. As dificuldades financeiras causadas por sua morte certamente contribuíram com minha preocupação excessiva de nunca "ficar sem". Ironicamente, juntei-me a uma comunidade religiosa conhecida por sua pobreza e, no entanto, no fundo, parte de minha atração pelos franciscanos era a segurança de ter uma cama e a alimentação oferecida; juntar-me aos frades era uma forma de garantir o bem-estar e a confiança de autopreservação que faltavam desde o final da minha infância.

Estar atento às obsessões do meu ego não me impediu de me colocar em um pedestal ou, às vezes, de ser ganancioso. A natureza humana é fraca, os hábitos construídos ao longo da vida são difíceis de serem rompidos e a jornada espiritual é interminável. Não estou desanimado – na verdade, estou encorajado. A consciência das obsessões do meu ego me impele a responder mais uma vez ao desejo ardente e ao convite entusiástico de Deus para um relacionamento mais profundo. Quanto mais profunda minha resposta, mais ampla a consciência de minha pecaminosidade. É por isso que os santos e místicos muitas vezes se consideram os piores pecadores. Em seu primeiro encontro com Jesus, Pedro não hesitou em dizer: "Afasta-te de mim, Senhor, porque sou um pecador!" (Lucas 5,8). E a resposta de Jesus? "Não temas" (Lucas 5,10). A atenção plena ao pecado nutre uma resposta para o momento presente, brilhando com graça. É parte da jornada para se tornar um místico comum.

Praticar

Passe uma hora praticando o exame de consciência com seu implacável "Por quê?". Depois, avalie sua utilidade para ajudá-lo a nomear seus pecados recorrentes e a obsessão do ego para a qual cada um aponta.

Refletir

1. Contra qual dos tradicionais sete pecados capitais (orgulho, ira, inveja, luxúria, ganância, gula, preguiça) você mais luta? Considere como ele pode estar relacionado a uma deficiência real ou percebida na infância.

2. Que sentimentos surgem quando você reflete sobre sua pecaminosidade? Como responde a esses sentimentos? O que Deus pode lhe estar pedindo nesses sentimentos?

Ponderar

Os místicos comuns são encorajados pela consciência de seus pecados.

3

Jesus, o eletricista

O misticismo prático do Sermão da Montanha

O título da apresentação da noite, "Um rabino, um ministro e um padre entram em um bar e refletem sobre o Sermão da Montanha", parecia o começo de uma piada. No entanto, as três apresentações deixaram o público hipnotizado com mais de quarenta e cinco minutos de perguntas, comentários e reações. Gostei muito dos *insights* ímpares de cada apresentador.

O rabino notou o detalhe de Jesus sentar-se antes de começar a ensinar. "Jesus retrata-se como um professor que reúne e instrui seus alunos", disse o rabino. Observou o uso inteligente de bênçãos, os ditos concisos e até os exageros de Jesus – "Ele ensina de uma maneira que qualquer judeu do primeiro século acharia intrigante. E talvez até um pouco escandaloso, quando desconsidera a Torá, dizendo: 'Ouvistes o que foi dito... Mas eu vos digo...'." O rabino sugeriu que Jesus ensinou segundo a tradição dos grandes profetas, como Isaías e Jeremias, chamando seu público para uma vida radical, ética e virtuosa. A plateia riu quando o rabino fingiu um forte sotaque iídiche e concluiu: "*Oy vey!*[1] Boa sorte ao tentar colocar o Sermão da Montanha em prática!".

O ministro evangélico destacou os difíceis desafios éticos mencionados no Sermão. "É impossível viver o que Jesus está nos pedindo – nunca desejar o mal ou odiar; seguir o caminho da não violência, que exige oferecer a outra face; viver sem preocupações e nunca julgar os outros. É impossível! Somos todos pecadores." O ministro imitou o rabino concluindo: "*Oy vey!* É por isso que precisamos da graça de Deus e da justiça que Jesus conquistou por nós na cruz".

O padre falou sobre Jesus como o Novo Legislador e sobre o Sermão da Montanha como a Nova Lei. "Com metáforas fortes, vívidas e diretas, Jesus não está simplesmente balançando o barco, mas sim corajosamente declarando guerra aos valores deste mundo", disse ele, falando fora do texto. "Dos cinco principais discursos encontrados em Mateus, o Sermão da Montanha é o fundamento de tudo o mais encontrado no primeiro Evangelho." Depois de falar por trinta minutos sobre as bem-aventuranças e passagens selecionadas do Sermão da Montanha, o padre concluiu citando

---

[1] *Oy vey* é uma frase em iídiche que expressa desânimo ou exasperação. A expressão pode ser traduzida como "Oh, não!", "Oh, céus! Oh, vida!" ou, ainda, "Ai de mim!". Fonte: Wikipédia. (N.T.)

um estudioso bíblico luterano que disse: "Jesus não prega o Sermão da Montanha para fazer seus seguidores se sentirem culpados – mas para oferecer sinais e sintomas do que acontece quando a graça se apodera de um filho de Deus". Ouvir as três apresentações me deu uma apreciação mais profunda das diferentes maneiras pelas quais o Sermão da Montanha foi interpretado. O rabino me deu uma apreciação do Judaísmo presente no Sermão; o ministro, dos desafios; e o sacerdote, dos seus frutos.

A verdadeira fonte de felicidade

O Sermão da Montanha de Mateus (Mateus 5–7) é paralelo ao Sermão da Planície de Lucas (Lucas 6,20-49). O texto de Mateus é mais longo do que o de Lucas e contém ditos de Jesus organizados em tópicos. Mais do que um mero compêndio dos ensinamentos de Jesus, o Sermão da Montanha pode ser interpretado ainda de outra forma: como uma crítica incisiva de como entendemos a felicidade e a boa vida.

A ênfase do ministério de Jesus no arrependimento significa "mudar a direção em que você está procurando a felicidade".[2]

Thomas Keating

---

[2] The emphasis in Jesus' ministry [A ênfase do ministério de Jesus]: Thomas Keating, Foundations for Centering Prayer and the Christian Contemplative Life [Open Mind, Open Heart; Invitation to Love; The Mystery of Christ] (New York: Continuum, 2002), p. 333.

Somos programados para a felicidade. Para a maioria de nós, essa felicidade é encontrada na satisfação das quatro obsessões do ego que operam e administram nossa vida de uma forma ou de outra: preocupação consigo mesmo, autoimagem, autogratificação ou autopreservação. Qualquer que seja nossa obsessão, felicidade significa sua satisfação. Como vimos no capítulo anterior, essa obsessão não surge do nada – tem suas raízes em nosso desejo de adquirir o que nos faltou ou que *achamos* que nos faltou em nossa infância. Estar atento à deficiência de nossa formação é uma forma de nos abrirmos para o momento presente no qual Deus nos convida a um relacionamento mais profundo, ao arrependimento e à conversão.

Eis outra maneira de dizer isso: os pensamentos que nos consomem diariamente moldam nossa resposta a Deus e nossa vida espiritual. Isso porque nossos pensamentos despertam desejos – e esses desejos fortalecem o ego ou desligam seu sistema de suporte à vida (as obsessões). Quando vivemos no piloto automático, sem atenção aos nossos pensamentos, desejos e deficiências da infância, tendemos a agir impulsivamente, de acordo com as obsessões do nosso ego – é por isso que cometemos esses pecados-padrão e recorrentes. É uma reação em cadeia: os pensamentos despertam desejos que podem fortalecer o domínio do ego sobre nós. Quando agimos segundo esses desejos do ego – "pecado" –, estamos fortalecendo o ego e nos enganando ao pensar que encontramos a felicidade.

Deixe-me dar um exemplo da minha própria vida. Gosto de pensar que sou inteligente e talentoso. "Eu tenho um doutorado. Sou razoavelmente bem-sucedido como escritor. Tenho um dom natural para a pregação." Esses pensamentos despertam o desejo de ser tratado com respeito e admiração.

A mística ao alcance de todos   53

E esse desejo alimenta a obsessão pela minha autoimagem. Se você me destratar ou desprezar, responderei com raiva. A palavra raivosa que ladro para você teve origem não em seu desrespeito, mas no que eu estava pensando. Meu pensamento, o desejo pela estima dos outros gerado por ele e a raiva subsequente que surge quando o desejo não é atendido, afetam tanto minha resposta quanto o convite de Deus a um relacionamento mais profundo naquele exato momento.

Outra maneira de evitar pecados recorrentes, além da consciência das obsessões do meu ego com sua origem em uma deficiência real ou percebida na infância, é desligar deliberadamente os desejos do ego. Para fazer isso, precisamos mudar nosso pensamento sobre o que é felicidade e boa vida. Isso apresenta outra interpretação do Sermão da Montanha.

Misticismo prático

Como um mestre eletricista, Jesus está reconectando nosso pensamento ao que significa ser abençoado e feliz. (A palavra grega *makarios*, geralmente traduzida como "abençoado", também pode significar "feliz" ou "afortunado".) Sua compreensão, exigindo uma visão focada no Reino, é tanto contracultural quanto mística. E, no entanto, também é eminentemente prática e comum – Jesus sistematicamente desliga não apenas as quatro obsessões do ego, mas também os desejos e pensamentos que as alimentam. Começando com as bem-aventuranças (Mateus 6,3-12), Jesus oferece um convite entusiástico para pensar de uma maneira nova e mudar a direção em que buscamos a felicidade:

• *ele substitui a preocupação com a autopreservação pela sorte de ser pobre de espírito;*

- *a fixação na autogratificação pelas alegrias de ter desejos e esperanças frustradas ("bem-aventurados os que choram");*
- *a preocupação excessiva consigo mesmo pela sede de agir em conformidade com a vontade de Deus e não a nossa (o que Mateus chama de "justiça");*
- *a obsessão com a autoimagem por ser manso, misericordioso, perseguido e insultado.*

É claro, como afirma São Paulo, que precisamos ser "transformados pela renovação da mente" (Romanos 12,2). Ao mudar a forma como pensamos sobre as obsessões do ego, adotando a mentalidade das bem-aventuranças e olhando em uma direção diferente para a felicidade, podemos mudar nosso comportamento – ser "transformados" – e encerrar o ciclo de pecados recorrentes.

Isso requer atenção plena: não simplesmente a consciência de como as obsessões do ego estão administrando nossa vida, mas atenção plena aos nossos pensamentos. Como os pensamentos afetam nossa vida espiritual, quando reconhecemos nossos pensamentos egocêntricos e os substituímos pelos de Jesus – "Tende em vós o mesmo pensamento de Cristo Jesus" (Filipenses 2,5) –, tornamo-nos místicos comuns.

Continuando no Sermão da Montanha, Jesus despreza pensamentos de preocupação consigo mesmo ou autoabsorção.
- *Se, ao apresentarmos nossa oferta no altar, nos lembrarmos de alguém que guarda rancor contra nós, devemos esquecer o "eu" e buscar o perdão imediatamente (Mateus 5,23-26).*
- *Jesus nos desafia a dar a outra face e fazer da generosidade e da caridade a resposta a qualquer necessidade não*

atendida, dever exigido, inconveniência ou provação (Mateus 5,39-41).

- *Jesus apaga quaisquer linhas traçadas na areia, dizendo--nos para amarmos e rezarmos pelo inimigo e para não julgarmos (Mateus 5,44; 7,1-5).*

Quando sou tentado a reforçar minha autoimagem com pensamentos orgulhosos ou arrogantes, preciso me lembrar de que Jesus ensina que sou "sal". Misturando metáforas, ele diz que a luz das minhas boas obras é para a glória de Deus, não para mim (Mateus 5,13-16). Jesus reprograma meu pensamento vaidoso e esnobe usando a expressão: "Ouvistes o que foi dito... Mas eu vos digo", insistindo que a raiva me torna passível de julgamento (Mateus 5,21-22) e me proibindo de exibir minha reputação com atos ostensivos de piedade (Mateus 6,1-18).

Para aqueles que anseiam por tratamento especial, Jesus nivela o campo de jogo declarando explicitamente: "Tudo aquilo que quereis que os homens vos façam, fazei-o vós a eles. Com efeito, nisso consiste a Lei e os Profetas" (Mateus 7,12). Ele confronta diretamente qualquer senso de direito espiritual baseado nas ações de alguém e claramente diz àqueles que querem entrar no Reino para realizarem a vontade de Deus (Mateus 7,21-23).

Jesus ataca a preocupação com a autogratificação, revelando o terreno desafiador onde se encontra a porta estreita que conduz à vida eterna (Mateus 7,13-14).

- *Ele internaliza a proibição do adultério, ampliando-a para incluir pensamentos e desejos; com comandos hiperbólicos e exagerados, destaca como os sentidos podem levar ao pecado (Mateus 5,27-30).*

- *Ele não permite retaliação por injúria, e a substitui por um espírito de não violência (Mateus 5,38-39).*

- *Ele proíbe a arrogância espiritual, a vaidade, o materialismo e um estilo de vida baseado nas exigências de uma sociedade consumista: "Ninguém pode servir a dois senhores... Não podeis servir a Deus e à riqueza" (Mateus 6,24).*

> Finalmente chegamos a um ponto na vida espiritual em que, justamente por sermos bons e decentes, somos convidados, como o jovem rico dos Evangelhos, a desistir de nossos confortos e seguranças preferidos e mergulhar no desconhecido de uma maneira radicalmente nova.[3]
>
> Ronald Rolheiser

Jesus contesta a crença de que a felicidade se encontra na autopreservação e na sensação de segurança. Em uma das passagens mais queridas dos Evangelhos, ele castiga nossa preocupação e ansiedade com o amanhã ao instilar-nos uma confiança mística na providência de Deus: "Observai as aves do céu... Considerai como crescem os lírios do campo" (Mateus 6,25-34). Viva conscientemente no sacramento do momento presente.

Pensando com o Sermão da Montanha

A atenção plena aos nossos pensamentos e desejos não acontece por osmose. Ela precisa ser deliberadamente desenvolvida e praticada intencionalmente. Eis uma maneira prática de reconectar nosso pensamento e colocar a mente em Cristo.

---

[3] *Eventually we reach a point* [Finalmente chegamos a um ponto]: Ronald Rolheiser, Moving Beyond "Our Little Rule", July 9, 2002, <http://ronrolheiser.com/moving-beyond-our-little-rule>.

1. *Torne-se consciente das obsessões do ego que operam em sua vida. Pode ser útil revisitar o exame de consciência no capítulo anterior ou perguntar a si mesmo: "O que faltou ou acho que faltou na minha infância?" para que compreenda plenamente.*

2. *Reflita sobre os pensamentos associados a essas obsessões do ego. Como e em que situações eles se manifestam para você?*

3. *Que desejos nascem desses pensamentos obcecados pelo ego?*

4. *Quando você se encontrar em uma situação em que esses pensamentos e desejos se manifestam, pare. Respire fundo algumas vezes e volte ao momento presente. Deliberadamente diga a si mesmo: "Seguir este pensamento ou realizar seu desejo não me fará feliz. É uma tentação passageira. Eu me esforçarei primeiro pelo Reino de Deus e sua justiça" (ver Mateus 6,33).*

5. *Os psicólogos nos dizem que noventa escolhas consecutivas formam um hábito – "Oy vey", para citar o rabino judeu. Ao nos recusarmos gradual e consecutivamente a alimentar a obsessão do ego e ao substituirmos seu pensamento originário e desejo subsequente pela sabedoria de Jesus, crescemos na liberdade de um místico comum.*

Um orientador espiritual me disse que luta para deixar de ver sites inapropriados na internet. Ele anda estressado no trabalho e normalmente chega em casa tarde, depois de sua esposa e filho terem ido para a cama. Quando chega em casa, geralmente vai direto para o computador e navega por alguns sites da internet "como uma forma de limpar a mente, relaxar e esquecer o trabalho". Faz tudo no piloto automático, por hábito, sem refletir. Mas, depois de aprender sobre atenção plena e a utilidade de monitorar seus pensamentos e ações, está começando a responder de forma diferente. Ele literalmente para enquanto caminha até o computador, respira fundo algumas vezes e volta ao aqui e agora. "Charlie", ele diz para si mesmo, "isso não vai fazer você feliz. Não vai durar. Escolha algo condizente com o Reino de Deus". Ele ainda falha de vez em quando – hábitos são difíceis de romper, como todos sabemos. Mas, em muitas noites, sua atenção plena o ajuda a responder ao desejo ardente de Deus e ao convite entusiástico para um relacionamento mais profundo. Charlie está se tornando um místico comum.

De estatura baixa, Beth sempre acreditou que a única maneira de conseguir a atenção e o reconhecimento que deseja, mas que pensa não ter, era forçando seu caminho a cada hora do dia de trabalho. Em uma reunião de equipe, ela começa a achar que ninguém está ouvindo suas recomendações. A necessidade de intimidar seus colegas subitamente vem à tona. Mas ela percebe e opta por não agir daquela forma. "Não vai me fazer feliz. Bem-aventurados os mansos." Após a reunião, enquanto caminha de volta para seu escritório, faz uma oração de gratidão a Deus por lhe dar a graça de controlar seu ego.

O Sermão da Montanha habilmente desafia e muda a maneira como pensamos sobre felicidade e sucesso. Ele nos lembra com conselhos muito práticos que a vida cristã é contracultural: o Sermão enfatiza a humildade, a dependência de Deus, o amor, o perdão, a paz, a simplicidade e a Regra de Ouro – todos frutos de responder à necessidade não atendida ou ao dever exigido no presente momento que desligam o ego com suas obsessões exigentes. Consequentemente, descobrimos o Sermão da Montanha como a luz para uma vida alternativa de felicidade e o caminho para o misticismo prático.

Praticar

Reveja a técnica de cinco passos para pensar com o Sermão da Montanha. Tente praticá-la com um pecado que você normalmente comete no piloto automático. Avalie a utilidade da técnica depois de completá-la.

Refletir

1. Como você interpreta o Sermão da Montanha (Mateus 5–7)? Que pensamentos e sentimentos surgem quando você reflete sobre isso?
2. Que pensamentos e desejos seus precisam mudar para que se torne mais semelhante a Cristo? Como você pode responder à graça de Deus para facilitar essa transformação?

Ponderar

No Sermão da Montanha, Jesus é como um mestre eletricista que reconecta nosso pensamento e nos oferece uma maneira alternativa de pensar sobre a felicidade.

Espiritualidade essencial

Os frutos do misticismo

"Oque Deus fez por você no mês passado, Cynthia?", perguntei depois de nos acomodarmos em nossas cadeiras para começar uma sessão de orientação espiritual.

O rosto de Cynthia traiu sua inquietação.

"Não muito, padre", ela respondeu. "Na verdade, ao olhar para trás, não apenas para o mês passado, mas também para o ano passado, percebo que não fiz muito progresso espiritual. Sento-me para orar e me perco em distrações. Tenho dificuldade em me concentrar na leitura de passagens da Bíblia. Continuo lutando para entender certas doutrinas de nossa fé, como a Trindade. Acho que posso contar em dois dedos o número de vezes que me lembro de sentir a presença de Deus. Não acho minha frequência à igreja aos domingos particularmente animadora ou útil para meu crescimento espiritual – acho chato ir à missa. Para dizer a verdade, eu me pergunto se Deus decidiu que sua graça pode ser melhor usada em outra pessoa." Cynthia fez uma pausa, envergonhada e cansada.

"Como está o relacionamento com seu marido e filhos?", perguntei.

"Ah, eles realmente são a luz da minha vida. Você sabe disso – eu já disse isso várias vezes. Sou muito grata a Deus por trazer Brian para minha vida e nos abençoar com Alison e Eileen. Eu os amo muito!"

"Você tem consciência de que essas três pessoas, juntamente com o restante de sua família, amigos, colegas de trabalho e até estranhos, compõem uma arena na qual sua vida espiritual se desenrola? E que Deus lhe transmite um desejo ardente e um convite entusiástico para um relacionamento mais profundo através deles?", perguntei.

Intrigada, Cynthia inclinou a cabeça. "Não sei se entendi o que você quer dizer. Sempre achei que vida espiritual era sobre oração, jejum e caridade."

"Quero dizer que a graça de Deus é experimentada *nos* relacionamentos." Continuei: "Sua formação espiritual ocorre nas alegrias e lutas diárias de todos os seus relacionamentos. A oração e a frequência à igreja são importantes – não me entenda mal, essas são, sim, duas maneiras de construir um relacionamento com Deus –, mas *seus relacionamentos* também são um componente importante de sua vida espiritual. É aí que o amor de Deus por você – esse ardente desejo divino – toma corpo, e é aí que você responde com amor ao entusiástico convite de Deus. A vida espiritual é, em última análise, sobre o amor". Não tenho certeza de que Cynthia se convenceu. Como muitas pessoas, ela achava que sua vida espiritual era mais sobre seu espírito e menos sobre sua vida.

Um velho equívoco

Muitos de nós vivemos vidas dualistas. Acreditamos que há um muro dividindo o secular – "o que está aqui embaixo" – do sagrado – "o que está lá em cima". Nós equiparamos o secular com os detalhes mundanos e minuciosos de nossa vida diária: ganhar a vida, criar uma família, trocar o óleo do carro, limpar a garagem e lavar a louça. "É tudo sobre o trabalho duro que acontece entre o nascimento e a morte", um estudante universitário me disse certa vez.

E depois há o reino do sagrado, que se refere especificamente a atividades "religiosas", como fazer orações, realizar ações piedosas e obedecer aos Dez Mandamentos. Tais práticas espirituais nos mantêm conectados com "o que há lá em cima". Consequentemente, medimos nosso crescimento espiritual pela qualidade percebida de nossa vida de oração, por nossas experiências de Deus, o número de passagens bíblicas que memorizamos e pelo número de vezes que resistimos à tentação. Essa redução simplista do espiritual ao superficial e ao externo torna fácil para nós pensar que estamos amadurecendo na vida espiritual.

Esse era o oásis que os fariseus providenciavam para os sedentos espirituais de seus dias. Os fariseus eram judeus piedosos que haviam desenvolvido uma espiritualidade orientada por regras baseadas na Torá e em sua interpretação

A mística ao alcance de todos 63

oral. Eles queriam reanimar a alma de uma pessoa por meio da obediência com relação ao que fazer e ao que não fazer. O dízimo das ervas (Mateus 23,23; Lucas 11,42), o uso de filactérios e franjas (Mateus 23,5), a atenção aguda à pureza ritual (Marcos 7,1-4), o jejum (Mateus 9,14) e as distinções meticulosas em juramentos (Mateus 23,16-18) eram práticas que os fariseus esperavam que oferecessem consolo e uma conexão sagrada para as pessoas cansadas de seus dias.

Os fariseus estavam certos em pensar que a espiritualidade deveria ser expressa na vida de uma pessoa; não pode ser compartimentada. O problema foi que... a estratégia deles não funcionou. O oásis deles era uma miragem. As práticas espirituais promovidas tornaram-se fixações que não penetravam abaixo da superfície da pele; eram meramente externas e cosméticas. A espiritualidade havia sido reduzida a um legalismo rígido (veja a crítica de Jesus em Mateus 23,13-28), e as práticas espirituais haviam se tornado "fardos pesados" colocados sobre os ombros das pessoas (Mateus 23,4).

A espiritualidade cosmética dos fariseus continua até hoje. Anos atrás, conheci um jovem sacerdote ordenado havia três anos. Os paroquianos se referiam a ele pelas costas como "Padre Letra-e-Acento". Ele se fixava em papelada, regras e procedimentos – e se esquecia das pessoas. Meticulosamente se concentrava nos aspectos menos significativos das rubricas litúrgicas ou na faceta mais insignificante de uma ação necessária e, como resultado, perdia a perspectiva do quadro maior. A celebração de qualquer um dos sacramentos se transformava em uma caricatura robótica que dificilmente levava os participantes a um encontro com Deus. "Deus gosta que tudo seja feito com perfeição", ele me confidenciou com orgulho. Infelizmente, sua preocupação obsessiva com detalhes beirava à escrupulosidade e, às vezes, o mantinha acordado à noite.

Um novo mandamento

O Irmão Pat chegou à Ordem franciscana como advogado civil com licença para atuar em seu estado natal, Wisconsin, bem como em Ohio e Illinois. Embora nunca tivesse se sentido chamado à ordenação sacerdotal, depois de seus votos vitalícios na Ordem, continuou seus estudos para se tornar um advogado canônico na Igreja Católica. Ele rapidamente ganhou a reputação de especialista em Direito da Igreja e tornou-se um orador regular na reunião anual da Canon Law Society of America [associação profissional dedicada à promoção do estudo e da aplicação do Direito Canônico na Igreja Católica].

Conhecendo sua reputação, presumi que ele seria um defensor das questões legais da Igreja. Precisando de alguns conselhos sobre uma questão delicada relacionada a um casal que se apresentava para o casamento, telefonei para ele.

Ao falar sobre o caso e meu dilema, ele respondeu com uma compaixão que me pegou desprevenido. "O propósito da lei da Igreja não é amarrar e constranger as pessoas", disse ele. "Seu propósito é libertar as pessoas para que amem e experimentem a Deus de maneiras novas e surpreendentes. É por isso que Jesus às vezes violava a lei. Ele curava no sábado – o que era proibido em sua época – e nem sempre obedecia às leis alimentares que garantiam a pureza ritual. Embora eu nunca pudesse dizer isso como advogado civil, mas como advogado canônico posso: às vezes a lei deve dar lugar ao amor, à misericórdia e à compaixão.

A mística ao alcance de todos 65

É por isso que eu sempre digo: se quer interpretar a lei da Igreja corretamente, você deve ter a espiritualidade essencial de Jesus."

"*A espiritualidade essencial de Jesus?* O que isso quer dizer?"

Ele respondeu: "O amor vem antes da lei. O amor infunde a lei. O amor é o cumprimento da lei".

A expressão do Irmão Pat, "espiritualidade essencial", permaneceu comigo ao longo dos anos. Ela abrange a compreensão de Jesus sobre a lei, a vida espiritual e até mesmo o misticismo. Ao contrário dos fariseus, nenhum dos entendimentos de Jesus – o respeito ao sábado ou as restrições alimentares – estava ligado a uma piedade superficial baseada na obediência. Sabendo que essa ênfase nas coisas externas queima apenas a superfície e acende o fanatismo, não o fogo, Jesus apontou para o coração como a fonte das ações de uma pessoa: "Não compreendeis que o que entra pela boca passa pelo estômago e depois é expulso na fossa? Mas o que sai da boca procede do coração, e isso torna impuro o homem. Com efeito, do coração procedem más intenções, homicídios, adultérios, depravações, roubos, testemunhos falsos, blasfêmias. Tudo isso é o que realmente torna impuro o homem; mas comer sem lavar as mãos não torna impuro o homem" (Mateus 15,17-20). A espiritualidade essencial de Jesus era sobre desenvolver e agir a partir de um coração amoroso, misericordioso e compassivo – não um coração obsessivamente obediente.

O amor enfurecia e crepitava no coração de Jesus. Suas faíscas atingiam a vida de mulheres e crianças marginalizadas, pecadores públicos e párias de sua época. Isso alimentou suas parábolas sobre misericórdia e compaixão, bem como seus ensinamentos no Sermão da Montanha sobre interromper o ciclo de violência e dar a outra face, fazer o bem aos inimigos e perdoar sem limites. Ele brilhou em seu ato final ao dar a vida por seus amigos e inimigos.

> De uma vez por todas, então, um breve preceito é dado a ti: ama e faz o que quiseres. Se calares, calarás com amor; se gritares, gritarás com amor; se corrigires, corrigirás com amor; se perdoares, perdoarás com amor. Se tiveres o amor enraizado em ti, nenhuma coisa senão o amor serão os teus frutos.[1]
>
> Santo Agostinho

Jesus acendeu esse fogo em seus discípulos. Resumindo a Torá e os profetas na ordem de amar a Deus e ao próximo (ver Mateus 22,34-40), ele a transmitiu como uma tocha para a próxima geração: "Dou-vos um mandamento novo: que vos ameis uns aos outros. Como eu vos amei, assim também vós, amai-vos uns aos outros. Nisso, todos reconhecerão que sois meus discípulos: se tiverdes amor uns pelos outros" (João 13,34-35). A espiritualidade essencial de Jesus inclui estar atento à necessidade não atendida ou dever exigido no momento presente e responder a isso com um coração amoroso, misericordioso, humilde e compassivo. É rendição: "Que não seja feita minha vontade, mas a tua" (Lucas 22,42). É sacrifício: "Ninguém a tira [a minha

---

[1] *Once for all* [De uma vez por todas]: Agostinho de Hipona, Homilies on the First Epistle of John, *The Works of Saint Augustine: A Translation for the 21st Century*, trad. Boniface Ramsey (New York: New City Press, 2008), v. III/14, p. 110.

vida] de mim, mas eu a dou por mim mesmo" (João 10,18). É serviço: "Pois também o Filho do Homem não veio para ser servido, mas para servir e dar sua vida em resgate por muitos" (Marcos 10,45).

Paulo destaca a incapacidade de qualquer espiritualidade cosmética ou farisaica oferecer luz ou assistência na jornada espiritual. Em uma de suas passagens mais famosas, ele escreve à Igreja de Corinto: "Ainda que eu fale as línguas dos homens e as dos anjos, se não tiver amor, sou um bronze que soa ou um címbalo retumbante. Ainda que eu tenha a profecia e conheça todos os mistérios e todo o conhecimento, ainda que eu tenha toda a fé capaz de remover montanhas, mas, se eu não tiver amor, nada sou. Ainda que eu reparta todos os meus bens e entregue meu corpo para que seja glorificado, se eu não tiver amor, de nada me serve" (1 Coríntios 13,1-3). De maneira semelhante, Thomas Merton aponta o perigo potencial de uma espiritualidade baseada em regras: "Na verdade, o amor é a vida espiritual e, sem ele, todos os outros exercícios do espírito, por mais elevados que sejam, são esvaziados de conteúdo e se tornam meras ilusões. Quanto mais elevados forem, mais perigosa será a ilusão".[2]

A integração do amor

A Primeira Carta de João derruba qualquer possível muro que separe o secular do sagrado ao comparar sem rodeios a espiritualidade essencial de Jesus a um renascimento: "Amados, amemo-nos uns aos outros porque o amor

---

[2] *Love in fact is the spiritual life* [Na verdade, o amor é a vida espiritual]: Thomas Merton, *The Wisdom of the Desert: Sayings from the Desert Fathers of the Fourth Century* (New York: New Directions, 1961), p. 17.

vem de Deus, e todo aquele que ama foi gerado de Deus e conhece a Deus. Quem não ama não conheceu a Deus, porque Deus é amor" (1 João 4,7-8). Essa espiritualidade baseada no amor está tão fortemente integrada ao entusiasmo piedoso que João chama de "mentirosos" aqueles que odeiam o próximo, mas afirmam amar a Deus (1 João 4,20). Secular e sagrado estão entrelaçados em sua abordagem mística, "pois quem não ama a seu irmão, a quem vê, como pode amar a Deus, a quem não vê?" (1 João 4,20). Ele resume convincentemente seu ponto de vista afirmando: "E temos este mandamento da parte dele: aquele que ama a Deus, ame também a seu irmão" (1 João 4,21). Sem a tocha do amor de Jesus, cambaleamos na escuridão, cegos guiando cegos.

> O sinal mais certo, a meu ver, se estamos ou não observando [o amor a Deus e o amor ao próximo], é se observamos bem o amor ao próximo... Quanto mais se pratica o amor ao próximo, tanto mais se estará praticando o amor a Deus... Não posso duvidar disso.[3]
>
> Santa Teresa d'Ávila

Não há integração do amor a Deus e ao próximo mais evidente do que na vida da franciscana secular e mística comum Julia Greeley. Nascida como escravizada em algum

---

[3] *The most certain sign* [O sinal mais certo]: Santa Teresa d'Ávila, *The Interior Castle*, 5.3.8, in *The Collected Works of St. Teresa of Avila*, trad. Kieran Kavanaugh, ocd, e Otilio Rodriguez, ocd, *The Way of Perfection; Meditations on the Song of Songs; The Interior Castle* (Washington: ICS, 1980), v. 2, p. 351.

momento entre 1833 e 1848 em Hannibal, Missouri, ela perdeu o olho direito quando um proprietário de escravos, enquanto batia em sua mãe, o acertou com seu chicote. Libertada pela Lei da Emancipação estadual de 1865, Julia ganhava a vida como governanta e babá de famílias brancas no Missouri, Wyoming, Novo México e Colorado. Batizada como católica romana em 1880 na Igreja do Sagrado Coração em Denver, ela rapidamente desenvolveu uma forte devoção ao Sagrado Coração de Jesus. Essa devoção alimentou seu amor pelos pobres e pelos bombeiros. Conhecida como o "Anjo da Misericórdia de Denver" e certa vez chamada de "Sociedade Individual de São Vicente de Paulo", Julia, com artrite incapacitante, passava as noites puxando uma pequena carroça vermelha cheia de roupas e comida por becos escuros. Ela distribuía essas dádivas aos necessitados. Muitas vezes ela fazia seus atos de caridade em segredo e sempre na calada da noite, para que as pessoas não sofressem o constrangimento de serem ajudadas por uma mulher negra. Quando seu salário mensal de dez dólares acabava, ela implorava pelos pobres. Expressava sua compaixão pelos bombeiros, que enfrentavam vários perigos nos prédios mal construídos no século XIX, viajando a pé todos os meses por todos os quartéis dos bombeiros de Denver, para entregar material devocional a católicos e não católicos. Julia Greeley morreu em 7 de junho de 1918, festa do Sagrado Coração de Jesus, e mais de mil pessoas compareceram ao seu funeral. A causa de sua canonização foi aberta oficialmente em dezembro de 2016, porque os cristãos veem no coração amoroso dessa mística comum a fusão do secular com o sagrado.

A decisão de amar

Julia Greeley e outros como ela nos lembram de que o momento presente é um embaixador declarando diante de nós a vontade de Deus na necessidade não atendida ou no dever exigido. Ter a mentalidade de Cristo ensinada no Sermão da Montanha e responder a esse momento com a espiritualidade de amor essencial de Jesus – entrega, sacrifício e serviço – são as indicações definitivas de crescimento espiritual. Essa integração do mandamento de amor duplo de Cristo é misticismo comum.

Tal amor, no entanto, é muito mal compreendido. Muitos acreditam que seja uma emoção como paixão ou amor romântico. Mas como podemos ter esses sentimentos por estranhos cujos nomes nem sabemos? Uma chinesa ateia ofereceu-me um *insight*.

Zhang Wen, minha colega na universidade chinesa em Pequim, onde eu lecionava, me chamou para ser convidado de honra em seu banquete de bodas de prata. Eu me sentei à mesa com ela, seu marido e seus pais idosos.

Embora eu sempre falasse com Zhang Wen em inglês, queria incluir todos da mesa em nossa conversa. Então, no decorrer da refeição, perguntei num chinês vacilante: "*Ni shén me shíhòu faxiàn ni yijing zhuì rù àihé* [Quando vocês descobriram que estavam apaixonados]?".

Houve um silêncio constrangedor. E, então, todos começaram a rir espontaneamente. Envergonhado e com o rosto vermelho, eu fingi rir.

Com um sorriso do tamanho da Grande Muralha, Zhang Wen olhou para mim e disse brincando: "*Ni fengle!* [Você enlouqueceu!]". Ela então continuou em seu inglês impecável: "Albert, essa é uma das grandes diferenças culturais entre chineses e ocidentais. Vocês, ocidentais, tomam decisões ao longo da vida com base em sentimentos e emoções. E, assim, vocês se casam por amor. Parecem não perceber que as emoções são como o clima, que muda o tempo todo. Para minha geração de chineses, o casamento não é baseado em emoções. É um ato da vontade, uma decisão. Duas pessoas decidem compartilhar uma vida, uma conta bancária e uma cama. Não se baseia em emoção, mas em compromisso".

Fiquei surpreso com uma explicação tão simples para uma das decisões mais importantes da vida. Mas, ao pensar nisso nos dias que se seguiram, tive uma visão da espiritualidade essencial de Jesus.

Certamente não podemos sentir amor e carinho por todos, especialmente pelas pessoas que não conhecemos. É difícil sentir carinho por quem nos trai ou por quem consideramos um inimigo. Mas o amor cristão não se baseia em sentimentos e emoções. É um compromisso inabalável de nunca recusar o perdão; uma firme resolução de manter o coração aberto a todos, independentemente de etnia, cor ou credo; e, como exemplificado na vida de Julia Greeley, uma dedicação fiel em ajudar os necessitados. É a decisão de ser intencionalmente altruísta pelo bem dos outros: rendição, sacrifício e serviço. É o espírito de hospitalidade liberal e pródiga que brilha na vida dos místicos comuns. O amor cristão é viver a Regra de Ouro para o bem comum: "Tudo aquilo que quereis que os homens vos façam, fazei-o vós a eles. Com efeito, nisso consiste a Lei e os Profetas" (Mateus 7,12). Como Paulo lembrou aos cristãos em Roma: "O amor não trabalha para o mal do próximo. Logo, a plenitude da Lei é o amor" (Romanos 13,10). Ele aconselhou apropriadamente os coríntios: "Todas as vossas coisas sejam feitas com amor" (1 Coríntios 16,14).

As obras de misericórdia

Ao entardecer desta vida, serás examinado no amor.[4]

São João da Cruz

A tradição cristã deu origem à prática das obras de misericórdia inspiradas em Mateus 25,31-46. Ele numerou essas obras em sete. Embora consideradas ações literais, sua interpretação metafórica nos dá uma visão da decisão de amar que brilha na espiritualidade essencial do místico comum.

Alimentar os famintos. Alimentar os famintos é mais do que ser voluntário em cozinhas comunitárias ou oferecer esmolas aos necessitados. Significa também promover um relacionamento com os esquecidos, os marginalizados ou aqueles cuja situação os deixa espiritual, emocional ou psicologicamente famintos.

Dorothy tem um irmão mais novo com transtorno bipolar. Como Bill nem sempre é fiel em tomar sua medicação, seu humor é inconstante. Os outros membros da família tendem a ser antipáticos à condição de Bill e hesitantes em manter contato com ele. Dorothy, por outro lado, tenta

---

[4] *When evening comes* [Ao entardecer desta vida]: São João da Cruz, *Sayings of Light and Love*, 60, in *The Collected Works of St. John of the Cross*, trad. Kieran Kavanaugh, ocd, e Otilio Rodriguez, ocd (Washington, DC: ICS, 1991), p. 90.

telefonar para Bill diariamente e costuma visitá-lo duas vezes por mês. "Alimentar os famintos às vezes significa oferecer cuidado e preocupação aos negligenciados e esquecidos", ela gosta de dizer. *Dar de beber aos sedentos.* Dar de beber aos sedentos inclui a devoção e dedicação que sacia a sede da solidão ou ajuda a dissipar o sentimento de fracasso. Esse gesto acende a esperança nos desamparados e desanimados e atiça as brasas da fé nos duvidosos. Faz brilhar as pessoas que trabalham arduamente pela justiça e pela paz.

Irmã Evelyn é uma monja clarissa de clausura cujo estilo de vida contemplativo não lhe permite fazer nenhum tipo de ministério ativo fora do mosteiro. Ela está profundamente preocupada e incomodada com o número crescente de suicídios de adolescentes nos Estados Unidos. Reza diariamente pelos adolescentes problemáticos. Quando lê sobre o suicídio de um adolescente no jornal local, imediatamente escreve uma nota de condolências aos pais, mesmo que não os conheça pessoalmente.

Vestir os nus. A missão de Heidi é vestir os nus. "Mas eu não faço isso apenas doando minhas roupas velhas para o Exército da Salvação ou a Sociedade São Vicente de Paulo", ela confessa. "Eu faço isso principalmente cobrindo com dignidade aqueles despojados pela humilhação – as crianças e mulheres forçadas a trabalhar em fábricas ou coagidas ao tráfico sexual humano. Estou sempre pesquisando empresas que têm fábricas no México e na China. Eu posto o que encontro no Facebook. E ajudo um amigo a aumentar a conscientização sobre o comércio sexual na Tailândia." Heidi está comprometida em acabar com o uso e abuso de qualquer ser humano.

Acolher os sem-teto. Acolher os sem-teto é mais do que voluntariar-se ou doar dinheiro para ONGs que constroem casas populares. É o compromisso de garantir que todos tenham um sentimento de pertencimento e um lugar para chamar de lar. Esse amor inflama aqueles que trabalham com imigrantes, refugiados e pessoas sem documentação. Nunca permite que o coração de alguém se torne um condomínio fechado onde alguns são discriminados ou barrados na entrada. Trata a todos como vizinhos e ninguém como estranho. Como professora aposentada, Jessie ficou comovida com a situação dos refugiados sírios. Quando ela soube que uma igreja local estava abrigando uma família, imediatamente contatou o pastor e se ofereceu como tutora de inglês. "Eles vão precisar de um inglês básico para sentir-se em casa na América", ela disse.

Visitar os doentes. "Estou apenas sendo um bom vizinho", tio Charlie me disse, referindo-se às visitas diárias ao segundo andar da casa de repouso onde vive. "Conheci Andrew e Lois ao sentar-me ao lado deles durante nossas missas ecumênicas aos domingos de manhã na sala de recreação. Eu gosto de ir vê-los para ter certeza de que não estão precisando de nada urgente." Visitar esse casal de idosos tornou-se o ministério do tio Charlie, que ficaria envergonhado se me ouvisse dizer isso.

Ao visitar os doentes, Bia demonstra seu cuidado e preocupação com aqueles que têm deficiências físicas, que estão enfermos ou incapazes de realizar tarefas comuns devido à idade, lesão ou enfermidade. Seu ministério começou na década de 1980, quando ela foi voluntária na Project Lazarus, um abrigo para pessoas com AIDS, em Nova Orleans. "Você faz por pessoas que não podem fazer por si

mesmas", diz ela. "E você as acolhe exatamente onde estão."
Essa dedicação também brilha na bondade de enfermeiros,
médicos, profissionais de saúde e cuidadores.

Visitar os presos. Embora não possa visitar uma prisão,
Lisa expressa sua espiritualidade essencial escrevendo uma
carta mensal para um preso no corredor da morte. Visitar
os aprisionados, pelo correio ou presencialmente, liberta as
pessoas presas a quaisquer correntes físicas, emocionais ou
psicológicas. Essa decisão amorosa ilumina ternamente as
celas que se encontram não só nos centros de detenção e
prisões, mas também no coração humano – e mostra disposição de acompanhar os que estão presos ali.

O filho de Jack, em idade universitária, luta contra o
vício em drogas há muitos anos. Todos na família já desistiram de Peter. Jack, no entanto, é sábio o suficiente para
saber que seu filho tem uma doença e está atado a uma
prisão física e psicológica. E, assim, pela terceira vez, Jack
pagou o tratamento de Peter em um centro de reabilitação,
para que ele fique limpo e sóbrio. Alcoólatra em recuperação há quinze anos, Jack sabe muito bem que a verdadeira
liberdade é um processo que leva tempo.

Enterrar os mortos. Não vivemos em uma cultura em
que familiares e vizinhos cavam a sepultura de seus entes
queridos. Mas vivemos em uma cultura que homenageia os
falecidos com dignidade, rituais e, às vezes, monumentos.
Embora a morte possa ser inconveniente e atrapalhar nossos planos e compromissos, esforçamo-nos, às vezes com sacrifício pessoal, para comparecer aos funerais de familiares
e amigos. Enterrar os mortos e apoiar os que estão de luto
são respostas ao momento presente.

Enterrar os mortos também significa deixar o passado
no passado. Ele irradia em cônjuges e amigos que se perdoam

e não permitem que uma infidelidade, traição ou palavra num momento de raiva seja escrita com tinta indelével. Imbuída de misericórdia e compaixão, essa chama de amor ilumina o caminho para continuarmos uma jornada juntos.

Um fruto duradouro

Quando pessoas como Cynthia dizem que se sentem desencorajadas pela falta de progresso espiritual, lembro--lhes de que a vida espiritual não é um cartão em que devem marcar os pontos de acordo com suas experiências ou um programa de exercícios espirituais. É muito mais simples – e místico. A vida espiritual é uma relação que afeta o modo como vivemos: "'Amarás o Senhor, teu Deus, de todo o teu coração, com toda a tua alma e com toda a tua mente... Amarás teu próximo como a ti mesmo'. Nesses dois mandamentos se apoia toda a Lei, assim como os Profetas" (Mateus 22,37; 39-40). O verdadeiro progresso espiritual é medido pelo tamanho de nosso coração e pela determinação implacável de responder à necessidade não atendida ou ao dever exigido do momento presente. No final da vida, tudo o que resta é o brilho de nossa entrega, sacrifício e serviço. O amor, somente o amor é o fruto duradouro do místico comum.

A mística ao alcance de todos

Praticar

Reveja as sete obras de misericórdia mencionadas neste capítulo. Escolha uma e tente praticá-la, de forma literal ou metafórica. Avalie o impacto que ela teve sobre você no final do dia.

Refletir

1. Que diretrizes, normas e práticas governam sua espiritualidade e abordagem da formação espiritual? Como essas diretrizes, normas e práticas expandem o tamanho do seu coração e o desafiam a amar a Deus e ao próximo? Como elas restringem você?

2. Que situações em sua vida dão origem à tensão entre uma espiritualidade cosmética de obediência rigorosa às leis e uma espiritualidade essencial de altruísmo amoroso intencional? Como você resolve essa tensão e justifica suas decisões e ações?

Ponderar

O crescimento espiritual autêntico é medido pela espiritualidade essencial do amor duplo de Jesus.

5

De dentro para fora

O convite à transparência

Eu nunca fui bom em disfarçar meus sentimentos. Posso até tentar escondê-los, mas meu rosto os trai instantaneamente. Alguns sentimentos como raiva, solidão e culpa parecem ser meus companheiros constantes de viagem. Tais sentimentos perturbam e, às vezes, impedem minha oração.

Lembro-me de uma vez ter-me sentido particularmente solitário. Eu estava viajando havia seis semanas consecutivamente, pregando sem descanso. Senti-me desconectado da minha comunidade, amigos e família. Eu não conseguia

A mística ao alcance de todos 79

orar – toda vez que tentava, aquele sentimento de solidão aumentava e amortecia minha tentativa de oração. A oração rotineira, a oração meditativa e a leitura das Escrituras se mostravam fúteis e infrutíferas. Decidi marcar uma conversa *on-line* com minha orientadora espiritual para falar sobre minha situação.

"Parece, Albert", disse Lucille, "que você está tentando evitar o sentimento de solidão. Em vez de tentar orar em torno dele ou apesar dele, tente orar *a partir* de seu sentimento de solidão. Em outras palavras, ore do pescoço para baixo, com o coração e as entranhas. Diga a verdade a Deus, conte a ele como se sente. Seja indiscreto e deixe Deus saber como você se sente desconectado. Coloque para fora o que está dentro de você. Deixe sua solidão ser sua oração enquanto a experimenta na presença de Deus".

"Mas isso é realmente uma oração?", perguntei.

"É claro! Se é uma questão ou um problema para você, é uma questão ou um problema para Deus. E compartilhá-lo com Deus é uma maneira maravilhosa de aprofundar seu relacionamento com ele. A oração requer honestidade e transparência."

Segui o conselho dela e tentei. Não me senti muito confortável no início, mas gradualmente descobri a sabedoria de aproximar-me dessa emoção na oração. Lucille estava certa. Foi outra maneira de responder ao desejo ardente de Deus e ao convite entusiástico para um relacionamento mais profundo.

Do pescoço para baixo

Muitas pessoas oram do pescoço para cima, fazendo da oração uma atividade mental. Oferecem louvor e agradecimento a Deus. Falam com Deus sobre o seu dia. Intercedem pelos outros e pedem favores divinos. Outras podem ponderar e meditar as Escrituras ou refletir sobre uma crença na fé cristã. Outras ainda podem fazer orações mecânicas ou até mesmo ler orações escritas por pessoas e povos santos do passado. Embora orar dessas maneiras tenha uma longa e sagrada tradição, esse é apenas um lado da moeda. Rezar do pescoço para baixo, com o coração pesado, com dor no estômago, com as pernas tão cansadas que não se consegue caminhar, é o outro lado. Jesus sentia-se bem orando do pescoço para baixo. Era um aspecto de sua espiritualidade essencial – permitindo que o amor, a misericórdia, a humildade e a compaixão em seu coração subissem à superfície e estruturassem suas ações. Ele expressava uma ampla gama de emoções positivas e negativas a Deus e aos outros. Os textos dos Evangelhos registram, entre outras emoções, que ele sentiu compaixão (Mateus 15,32), ficou indignado (Marcos 10,14), foi consumido pelo zelo (João 2,17), ficou triste (Mateus 26,38), amou (João 11,5), ficou muito perturbado e profundamente comovido (João 11,33) e chorou de tristeza (João 11,35). Mateus registra Jesus expressando surpresa em uma oração de ação de graças (Mateus 11,25-30). No Evangelho de Lucas, testemunhamos sua angústia noturna e ouvimos sua oração ao Pai enquanto lutava para se render e aceitar o cálice do sofrimento (Lucas 22,39-46).

A mística ao alcance de todos 81

Achamos que Deus é como um pai que quer ver apenas nosso melhor comportamento. Assim, entramos na presença de Deus somente quando não temos nada a esconder, quando estamos alegres e sentimos que podemos dar a devida atenção a Deus de maneira reverente e amorosa... Não contamos a Deus o que realmente está acontecendo em nossa vida. Dizemos a Deus o que achamos que Deus quer ouvir... Mas o importante é compartilharmos o que está dentro de nós e não o que achamos que Deus gostaria de ver dentro de nós... Todos esses sentimentos podem ser nossa porta de entrada para a oração. Não importa a dor de cabeça ou o coração partido, precisamos apenas elevá-los a Deus.[1]

Ronald Rolheiser, omi

O exemplo de Jesus nos lembra de que os sentimentos precisam ser experimentados e as emoções precisam ser expressas. Oramos com prazer a partir dos sentimentos e emoções positivas de alegria, amor, esperança, reconhecimento e ação de graças. Já os negativos, como vergonha, raiva, solidão, medo, nervosismo e confusão, nós os tratamos como intrusões, muitas vezes tentando contorná-los. Se evitarmos ou tentarmos suprimir os negativos, eles se escondem e causam estragos em nós sob a forma de doenças e reações passivo-agressivas: pressão alta, dor de cabeça,

---

[1] *We think God is like a parent* [Achamos que Deus é como um pai]: Ronald Rolheiser, omi, Struggling in Prayer, in Robert J. Wicks, org., *Prayer in the Catholic Tradition: A Handbook of Practical Approaches* (Cincinnati: Franciscan Media, 2016), p. 92-93.

tensão muscular, úlcera, distúrbios do sono, compulsão alimentar ou alcoólica, ataques incontroláveis de raiva, apatia, sarcasmo e comportamentos sexuais inapropriados.

Estar atento a uma emoção é reconhecê-la, aceitá-la e honrá-la. Isso é tudo que uma emoção nos pede. Quando lhe damos atenção, ela perde o poder de se esconder e nos controlar. Podemos, então, traçar estratégias para melhor expressá-la, de maneira apropriada e saudável.

A oração de acolhimento

A Oração de Acolhimento[2] oferece uma maneira prática de estar ciente, reconhecer e honrar qualquer emoção negativa que nos faça sentir desconfortáveis. Consiste em três passos simples: concentrar-se e mergulhar, acolher, deixar ir.

O primeiro passo é tornar-se consciente da emoção, concentrar-se nela e senti-la como uma sensação em seu corpo. Quais são as manifestações físicas? Estômago apertado? Palmas das mãos suadas? Rosto carrancudo? Uma onda de adrenalina? Tensão nos ombros? Concentre-se no sentimento e experimente-o completamente. Em seguida, tente nomeá-lo. Não se apresse nessa etapa; reconhecer a fisicalidade de uma emoção e nomeá-la são sinais de respeito por sua presença e poder.

Depois de sentir e nomear a emoção, ofereça-lhe hospitalidade: "Bem-vindo, medo"; "Bem-vinda, culpa"; "Bem-vinda, raiva". Seja imparcial em relação a ela. Na verdade, trate-a como uma convidada de honra. É assim que uma

---

[2] *The Welcoming Prayer* [A Oração de Acolhimento]: Cynthia Bourgeault, *Centering Prayer and Inner Awakening* (Cambridge: Cowley, 2004), p. 141-152.

emoção negativa é acolhida. Muitas pessoas acham útil repetir lentamente a saudação por alguns minutos enquanto continuam a sentir a sensação da emoção. Depois de ter experimentado e abraçado totalmente a emoção, diga-lhe adeus. Não fique tentado a apressar essa etapa; é mais fácil suprimir emoções desconfortáveis – mas não o faça. Leve o tempo necessário para as boas-vindas antes de se despedir do sentimento. Você pode ficar agradavelmente surpreso com a forma como uma emoção desconfortável se esvai depois de ser acolhida e honrada.

Sempre tive dificuldade em reconhecer a dor. Eu a experimentei pela primeira vez na adolescência, com a morte do meu pai. Sabendo como ela envolve todo o meu corpo, sempre tentei suprimi-la ou, se não pudesse fazer isso, evitá-la. Essa estratégia não deu muito certo.

Há alguns anos, notei a dificuldade em chorar quando via ou ouvia uma notícia trágica. Eu instantaneamente desligava minha tristeza. Esses momentos indicavam meu desconforto com a dor. A partir de então, acostumei-me a usar a Oração de Acolhimento como uma forma de aceitar a dor em minha vida como uma emoção humana normal – e saudável.

Depois de acolher e honrar uma emoção negativa, ela pode optar por permanecer. Se isso acontecer, incorpore a emoção em sua oração e expresse-a a Deus – ou, como disse Lucille, ore "*a partir* de seus sentimentos", não ao redor deles. Esta é uma dimensão da espiritualidade essencial de Jesus: deixe o que está em seu coração vir à tona e dar forma à sua oração. Diga a Deus como a traição de um amigo deixou você irritado ou magoado; o quão sozinho e desconectado você está de sua família e amigos; o quão ansioso ou nervoso está por causa de um exame; como se sente triste e deprimido pela perda de um ente querido. Estar atento, acolher e dar voz a esses sentimentos não apenas tornará sua oração autêntica e transparente, mas também fornecerá bálsamo para uma alma machucada ou maltratada.

A sabedoria das emoções

Tal franqueza e honestidade podem ser desafiadoras porque julgamos certas emoções inadequadas para apresentar diante de Deus. Pensamos que sentimentos como raiva, vergonha, culpa, solidão, medo, tristeza e desejos sexuais não têm lugar na presença divina. E, assim como Adão e Eva, nós nos cobrimos com folhas de figueira. Mas toda emoção, não importa o quão indecorosa seja, contém sabedoria e dinamismo próprios. Sentimentos negativos são "empurrões de Deus".[3] Frequentemente, encontraremos tesouros divinos se pararmos e ponderarmos sobre eles. A sabedoria deles nos diz algo sobre nós mesmos, e sua energia nos dá o impulso para expressar essa sabedoria de maneira apropriada e adequada. Basta olhar para Jesus no Monte das Oliveiras: seu medo foi transformado no combustível de sua fortaleza para enfrentar a morte iminente (Lucas 22,39-46).

Vamos considerar algumas das emoções mais comuns e desafiadoras[4] e o que as pessoas aprenderam por estar atentas a elas.

---

[3] *Nudgings of God* [Empurrões de Deus]: Gerard Hughes, *God of Surprises* (London: Darton, Longman & Todd, 1988), p. x.

[4] *Common challenging emotions* [Emoções mais comuns e desafiadoras]. Estes *insights* são de Evelyn Eaton Whitehead e James D. Whitehead, *Transforming Our Painful Emotions: Spiritual Resources in Anger, Shame, Grief, Fear, and Loneliness* (Maryknoll: Orbis, 2010).

Raiva. Frank me confidenciou: "A raiva me faz sentir vivo. Aprendi que é uma seta de neon que pisca apontando para um erro que precisa ser corrigido. Sua energia me desafia a me levantar, falar e proteger o que considero precioso ou importante. Como um adolescente irritante, ela se recusa a me deixar ser. E, quando rezo com raiva, como você me ensinou, padre, abro-me à sabedoria do Espírito que me diz como agir e realizar uma experiência mais profunda de justiça para mim ou para os outros". Frank aprendeu claramente como acolher sua raiva e garimpar seu ouro.

Vergonha. Sheila sabe que a vergonha – sentimento que toma conta de uma pessoa quando uma ação moralmente errada ou repreensível é exposta – é como um alarme contra roubo, alertando-a sobre uma brecha em algum limite pessoal necessário. "Isso me lembra de que, às vezes, falo demais. Algumas lutas e segredos pessoais devem permanecer confidenciais. Não se deve compartilhá-los despreocupadamente com qualquer um." Ao expressar sua vergonha a Deus, Sheila redescobre como a integridade pessoal está enraizada em uma privacidade apropriada; essa oração a prepara para uma intimidade genuína com seus amigos e confidentes mais próximos.

Culpa. Ao contrário da vergonha, que normalmente inclui exposição, a culpa surge secretamente quando não alcançamos nossos próprios padrões morais. Ela revela o abismo entre nossos ideais e nosso comportamento. Chama-nos a reafirmar os compromissos que dão sentido e propósito à nossa vida. Quando ponderamos e oramos sobre essa emoção, vemos como a graça de Deus nos estende para além das obsessões do ego com o interesse próprio, a autoimagem, a autogratificação e a autopreservação. A culpa nos convida a nos tornarmos místicos comuns – e responder mais uma vez ao convite de Deus para um relacionamento mais profundo.

Solidão e desejos sexuais. A solidão e os desejos sexuais ensinaram a Matthew que ele não foi criado para ser autossuficiente e viver sozinho. Eles o levam a ir ao encontro das pessoas e fortalecer seus relacionamentos de maneira generosa e virtuosa. Orar a partir desses sentimentos lhe dá uma apreciação mais profunda pela expressão saudável de sua sexualidade. Por causa do voto do celibato, passei muito tempo tentando suprimir meus desejos sexuais. Eles são um risco ocupacional para muitos padres, freiras e religiosos. "Não devem ser tratados como um incômodo ou um inimigo", um orientador espiritual sabiamente me disse. Depois de mais de quarenta anos como franciscano, passei a apreciar, acolher e rezar com esses desejos. Assim como na experiência de Matthew, os desejos sexuais às vezes me dizem que estou me sentindo sozinho – e então faço visitas à família e aos amigos presencialmente, por videochamada ou por telefone. Mas outras vezes eles me dizem que estou frustrado ou sob muita tensão e estresse – então faço uma longa caminhada ou vou para a academia. A atenção plena me ensinou que diferentes necessidades emocionais e físicas se disfarçam de desejos sexuais.

Medos. Michelle sabe que seus medos muitas vezes estão enraizados nas experiências da infância. Ela trata esses medos como amigos que avisam antecipadamente de um possível perigo. Ao ouvi-los e colocá-los nas mãos de Deus, é encorajada a aprofundar sua confiança. Pela graça de Deus, seus medos, paradoxalmente, estão moldando os contornos de sua coragem.

Pesar. Minha dor me diz que algo precioso está chegando ao fim ou que alguém querido morreu. Como o medo, o pesar me desafia a abrir minhas mãos com confiança ao desejo ardente de Deus e ao convite entusiástico para um relacionamento mais profundo. Ao lamentar minha perda na oração e me render aos caminhos misteriosos de Deus, a semente da esperança brota com a promessa do amanhã e a confiança na permanente orientação divina.

Superar a suspeita de algumas emoções negativas é um processo que leva tempo. Podemos ainda teimar e hesitar em irmos a Deus com o coração zangado, com a consciência culpada ou com desejos sexuais. No entanto, tornando-nos conscientes deles, reconhecendo-os e ouvindo a sabedoria deles na presença divina, descobrimos novamente o encorajamento que nos oferecem para continuarmos no caminho do misticismo comum.

Praticar

Escolha uma emoção que você tradicionalmente considera imprópria e inconveniente para levar a Deus em oração. Pratique a Oração do Acolhimento na próxima vez que a experimentar. Então, inicie um diálogo com Deus sobre ela. Diga a Deus como ela o faz se sentir e por que a considera desconfortável. Passe algum tempo ouvindo a resposta de Deus.

Refletir

1. Quais emoções você luta para aceitar? Quais pérolas de sabedoria você pode extrair delas?
2. Em uma escala de 1 (nunca), 2 (às vezes), 3 (frequentemente), e 4 (sempre), quão consciente você está de seus sentimentos? Você os reconhece instantaneamente ou leva tempo para se dar conta deles? Que técnicas usa para responder a eles adequadamente?

Ponderar

Todo sentimento deve ser expresso a Deus e garimpado por sua sabedoria espiritual.

6

Um Deus volúvel

Hoje aqui, amanhã passado

Era raiva ou confusão o que Denise sentia, quando começou uma sessão de orientação espiritual dizendo: "Como Deus é volúvel..."!

"Oi?" O comentário me pegou desprevenido.

"Deus é muito volúvel. Em um minuto ele se mostra todo apaixonado e me seduz com sentimentos tão maravilhosos que não posso deixar de dar a ele tudo de mim. E então, no momento seguinte, ele desaparece e parece esquecer que me criou. É quando fico tentada a dizer: 'Está bem, que assim seja! Você não é o último biscoito do pacote.

Há muitos peixes no lago'. E lá vou eu – para no final me arrepender de tudo que fiz."

Denise é uma mística comum. Sua atenção plena e sensibilidade à ação de Deus em sua vida são simplesmente incríveis. Quando a ouço como seu orientador espiritual, tenho certeza de que Deus aprecia sua honestidade e transparência.

Consolação

Recentemente, enquanto escovava os dentes pela manhã e antecipava meu momento de oração, senti uma forte vontade de prolongar o tempo dedicado a Deus. E fiz exatamente isso – por mais vinte e cinco minutos. Foi uma experiência maravilhosa de quase uma hora e meia que nutriu e energizou meu entusiasmo piedoso.

Pelo resto do dia, senti uma atração incomum e contínua por Deus e por outras pessoas. Meu olhar estava focado no alto, enquanto eu parava em intervalos regulares por alguns segundos e intencionalmente me lembrava da presença de Deus, que me cercava como o ar que estava respirando. Em retrospecto, eu estava voltando inconscientemente ao momento da oração matinal e "prolongando-o" pelas atividades da manhã, do meio-dia, da tarde e da noite. Meu olhar também estava voltado para fora, enquanto eu estava atento às necessidades não atendidas dos outros e procurava oportunidades para fazer simples atos de caridade. Somente alguns dias depois consegui perceber conscientemente o quão único foi aquele dia.

> O consolo espiritual é experimentado quando nosso coração é atraído para Deus, mesmo que isso aconteça em circunstâncias que o mundo consideraria negativas. É um sinal de que nosso coração, pelo menos naquele momento, está batendo em harmonia com o coração de Deus. A consolação é a experiência dessa profunda ligação com Deus, e enche o nosso ser com uma sensação de paz e alegria. O epicentro da experiência está em Deus e não em nós mesmos.[1]
>
> Margaret Silf

Você já teve um dia como esse, quando pensa estar fazendo progresso espiritual? Quando um pensamento ou desejo o aproxima de Deus? Quando sente o ardor do entusiasmo espiritual? Quando se sente consumido pelas coisas de Deus e responde ansiosamente a cada necessidade não atendida ou dever exigido de cada momento? A tradição espiritual refere-se a essa experiência como "consolação". Mais do que uma emoção ou um sentimento bom, consolações são aqueles raros momentos em que o desejo ardente de Deus e o convite entusiástico de um relacionamento mais profundo se tornam palpáveis, satisfazem sua fome espiritual e deixam para trás um dom divino: você se sente elevado, cheio de paz interior e alegria espiritual e fortalecido na fé, na esperança e na caridade. Você prontamente anseia com uma sede ainda mais profunda de amar a Deus e ao próximo que,

---

[1] *Spiritual consolation is experienced* [A consolação é a experiência]: Margaret Silf, *Inner Compass: An Invitation to Ignatian Spirituality* (Chicago, IL: Loyola Press, 2007), p. 88.

paradoxalmente, sustenta seu espírito. A atenção plena às consolações é um aspecto do misticismo comum. Como reagimos a essa experiência espiritual que aparentemente surge do nada? Sabendo que somos incapazes de instigá-la ou fabricá-la, nossa primeira resposta é a gratidão pela inspiração e conforto que ela proporciona. A consolação é um dom que Deus nos dá sem mais nem porquê. Pode durar horas ou dias – mas nunca para sempre. A consolação é uma experiência do desejo ardente de Deus. Ela nos aproxima de Deus, ao mesmo tempo que encoraja e anima nossa resposta ao seu convite.

Há sempre uma tentação, especialmente para os principiantes na formação espiritual, de equiparar a consolação ao progresso espiritual. Quando a consolação é recebida, os iniciantes erroneamente acreditam que estão crescendo na vida espiritual. Quando a consolação desaparece, como inevitavelmente acontece, os principiantes pensam que estão desagradando a Deus. No entanto, como favores divinos que nunca são conquistados, devidos ou merecidos, a consolação não indica a maturidade espiritual de uma pessoa.

De fato, pode-se defender o progresso espiritual do peregrino experiente que se arrasta, deliberadamente colocando um pé na frente do outro, sem o ocasional refresco da consolação. Penso imediatamente em Zach.

"Zach, como você está?" Estávamos começando nossa sessão mensal de orientação espiritual.

O ministro presbiteriano sorriu e respondeu: "Na mesma. Continuo fazendo apenas o que sou chamado a fazer. Passo um tempo em oração devocional todos os dias. Medito nas Escrituras. Trabalho no meu sermão de domingo. E continuo tentando amar, amar, amar os membros da minha congregação. É isso".

"Deus lhe deu algum agrado, algum consolo?", perguntei.

"Não... E está tudo bem. Aprendi ao longo dos anos que minha fidelidade é mais importante do que receber pensamentos inspiradores ou sentimentos de paz e alegria de Deus. Claro, eu os aceito, se Deus os oferecer. Mas sei que não vale a pena correr atrás deles ou desperdiçar minha energia tentando fabricá-los."

Zach descobriu um dos grandes *insights* do místico comum: a jornada espiritual é sobre crescer em atenção plena e aprofundar a espiritualidade essencial do amor duplo de Jesus. Não se trata de colecionar experiências e lembranças.

Desolação

Uma pessoa vive em estado de desolação quando se afasta da presença ativa de Deus no mundo. Sabemos que estamos afastando-nos quando sentimos o crescimento do ressentimento, da ingratidão, do egoísmo, da dúvida, do medo, e assim por diante. Se minha perspectiva se torna cada vez mais sombria e obcecada por mim mesmo, estou em estado de desolação. Estou resistindo a Deus ou, se não estiver resistindo ativamente, estou sendo desviado de Deus por outras influências.[2]

Vinita Hampton Wright

---

[2] *A person dwells in a state of desolation* [Uma pessoa vive em um estado de desolação]: Vinita Hampton Wright, Consolation and Desolation, <Ignatian-Spirituality.com>, <www.ignatianspirituality.com/25557/consolation-and-desolation-2>, accessed July 8, 2018.

Não é incomum que experimentemos o oposto do consolo: cansaço espiritual, desânimo, inquietação interior, tristeza, desinteresse e desdém pelas coisas de Deus, com um interesse mais aguçado pelas coisas terrenas. É como estar em uma tempestade de areia rodopiante que começa no deserto durante o sol do meio-dia: nosso olhar se fixa para baixo e em nós mesmos. Mais do que nos sentirmos mal, desapontados ou deprimidos, sentimo-nos espiritualmente esgotados – isolados de Deus e dos outros. Cada passo da jornada se torna pesado e difícil; em vez de nos inclinarmos e seguirmos em frente, queremos parar e talvez até voltar para casa. A tradição espiritual se refere a essa experiência como desolação.

As experiências de desolação geralmente são causadas pelos "espíritos do mal, que estão nos lugares celestiais" (Efésios 6,12), a quem tradicionalmente chamamos de Satanás e a legião de demônios que o servem. Eles usam experiências de desolação para sabotar e subverter nosso relacionamento com Deus e com os outros. Tentam nos convencer de que nossas orações, jejuns e esmolas são ridículos e inúteis na vida espiritual. Lembram-nos de uma mágoa infligida por alguém e nos enganam para alimentar um rancor – em vez de responder ao convite de Deus para perdoar. Eles nos bombardeiam com dúvidas e medos que nos fazem suspeitar da aventura espiritual e até perder o interesse por ela. Enquanto iniciantes e turistas acreditam erroneamente que estão fazendo algo errado e, consequentemente, são a causa de sua desolação, os peregrinos experientes sabem que isso é obra inconstante de Satanás e que, assim como o clima, pode mudar a qualquer momento.

Como o diabo é conivente, as experiências de desolação podem ser bastante atraentes e sedutoras – como alguém me lembrou recentemente: "Gostamos de pecar. Às vezes, é divertido!". O diabo ataca as obsessões do nosso ego e insiste que a felicidade consiste em satisfazê-las. Às vezes, cedemos às suas seduções e tentações, e então acabamos atolados na preguiça, raiva, inveja, ganância, gula, luxúria e orgulho – os sete pecados capitais. Como disse Denise, "Há muitos peixes no lago. E lá vou eu – para no final me arrepender de tudo que fiz". Qualquer pensamento ou desejo que o afaste de Deus tem a mão do diabo e pode ser uma experiência de desolação. É por isso que a atenção plena é tão importante para o místico comum.

Como podemos reagir, quando a desolação encobre nosso entusiasmo piedoso e sentimos que estamos desperdiçando nosso tempo e energia na jornada espiritual? Permanecendo fiéis às nossas práticas espirituais, apesar do desgosto superficial e do desinteresse que momentaneamente sentimos por elas. Este não é o momento de abandoná-las ou mudá-las. Nem tampouco é o momento de tomar decisões importantes. A fidelidade à nossa rotina de oração e caridade para com os outros proporciona uma sensação de continuidade. Embora emocionalmente insatisfatória, ela nos mantém avançando, mesmo que sintamos que perdemos nosso caminho ou até mesmo nossa rota. Essa fidelidade fornece seu próprio senso de direção e, mais cedo ou mais tarde, nos leva a um oásis de descanso.

Enquanto Brian, um orientador espiritual, pratica a fidelidade durante as experiências de desolação, ele também se lembra de que sua desolação passará. Mesmo que dure alguns dias e pareça interminável, ele sabe que não vai durar para sempre. "O diabo está apenas brincando comigo", ele gosta de dizer. Como forma de "retribuir o favor", conta-me, brincando, que aponta o nariz para o diabo e aumenta intencionalmente o tempo de oração por dez ou quinze minutos e realiza atos de caridade, como ligar para um amigo acamado ou visitar um vizinho idoso. Mesmo que isso vá contra os desejos imediatos de Brian, como um místico comum ele sabe que a intencionalidade espiritual ajuda muito a abrandar a tempestade de areia.

A ausência de Deus

Passei onze anos e meio como missionário na China continental. Uma de minhas responsabilidades era ser assistente espiritual das Missionárias da Caridade, comunidade religiosa fundada por Madre Teresa de Calcutá. Periodicamente, eu voava para o Japão, Coreia do Sul, Hong Kong ou Cingapura para ministrar conferências espirituais e retiros para as irmãs. À medida que ganhei a confiança delas, comecei a ouvir rumores sobre a santidade de sua fundadora.

> Dizem-me que Deus vive em mim, mas a realidade de escuridão, frieza e vazio é tão grande que nada toca a minha alma.[3]
>
> Santa Teresa de Calcutá

---

[3] *I am told God lives in me* [Dizem-me que Deus vive em mim]: Madre Teresa de Calcutá, citada em Emily Stimpson Chapman, Understanding the "Dark Night of the Soul", OSV Newsweekly, May 20, 2015, <www.osv.com/OSV-Newsweekly/Story/TabId/2672/ArtMID/13567/ArticleID/17512/Understanding-the-'dark-night-of-the-soul'-.aspx>.

Com a publicação das cartas particulares[4] de Madre Teresa para seus orientadores espirituais em 2007, o mundo descobriu o que eu já sabia há mais de uma década: por quase cinquenta anos, Madre Teresa experimentou uma profunda escuridão espiritual, como se Deus houvesse desistido dela e a abandonado. Ela não sentia a presença de Deus e não tinha nenhuma experiência de consolação. Ao contrário das experiências de desolação, que provocam desgosto e desdém pelas coisas de Deus, essa experiência mergulhou Madre Teresa em um vasto vazio espiritual que imitava a dureza escura e o silêncio absoluto do deserto à meia-noite. Ela se sentia espiritualmente fria, esquecida e perdida. Tecnicamente chamada de "noite escura", uma expressão cunhada pelo carmelita São João da Cruz, sua experiência da ausência de Deus é a mais longa documentada na história da espiritualidade cristã.

Muitas pessoas têm experiências semelhantes, quando Deus aparentemente se retira e desaparece. Steve e Stephanie mergulharam na escuridão enquanto enterravam sua filha adolescente. Juan se perguntou onde estava Deus quando foi obrigado a pedir falência. Beverly chorou enquanto esperava ser resgatada do telhado de sua casa inundada, destruída pelo furacão Harvey em agosto de 2017. Phil ficou envergonhado e desanimado com a exposição pública de seu pecado passado.

Há quem possa argumentar que essas noites escuras não são as mesmas que as da Santa de Calcutá; no entanto, são dolorosamente angustiantes, gerando dúvidas e

---

[4] *Mother Teresa's private letters* [Cartas particulares de Madre Teresa]: Brian Kolodiejchuk, mc, org., Madre Teresa, *Come Be My Light: The Private Writings of the "Saint of Calcutta"* (New York: Doubleday, 2007).

questionamentos sobre o desejo ardente de Deus e o convite entusiástico para um relacionamento mais profundo.

Nossa reação inicial instintiva à noite escura é perguntar: "Por que Deus permitiria isso? O que eu fiz – ou não fiz – para merecer isso?". Exigimos respostas racionais. Queremos responsabilizar a Deus. Mas tais questões pressupõem que nosso intelecto humano conseguiria entender o misterioso, incompreensível e inefável Deus, o que é impossível:

Pois os meus pensamentos não são os vossos pensamentos,
*   e vossos caminhos não são os meus – oráculo do Senhor.*
Pois tanto quanto o céu acima da terra,
*   assim estão os meus caminhos acima dos vossos*
*   e meus pensamentos distantes dos vossos (Isaías 55,8-9).*

Em vez de buscar razões lógicas para a noite escura, que pode levar a interpretações fantasiosas e distorcidas da mente e dos desígnios de Deus, o místico comum busca respostas apropriadas à noite escura. Duas vêm imediatamente à mente.

Primeiro, como o orientador espiritual de Madre Teresa sabiamente a lembrou, os sentimentos não são um guia confiável na vida espiritual. Só porque sentimos que Deus se retirou e nos abandonou, não significa que ele tenha feito isso de fato. A presença de Deus nos envolve como o ar que respiramos: "Com efeito, nele vivemos, nos movemos e existimos" (Atos 17,28). Por uma infinidade de razões – normalmente (mas nem sempre) devido a uma sobrecarga de certos sentimentos negativos, como tristeza, culpa, vergonha ou arrependimento –, nossos sentidos às vezes são incapazes de captar ou registrar a presença divina. Os cinco sentidos nem sempre são adequados, e os sentimentos que eles despertam nem sempre são precisos; depender apenas de qualquer um deles é esperar um refrigério no que descobrimos ser uma miragem. Consequentemente, Paulo

A mística ao alcance de todos ◾ 99

lembrou aos coríntios: "Caminhamos pela fé, não pela visão" (2 Coríntios 5,7). Nas palavras do *"Pange Lingua Gloriosi"*, um hino composto por Santo Tomás de Aquino, "A fé venha suprir / A fraqueza dos sentidos". Às vezes, tudo o que conseguimos oferecer é um assentimento emocionalmente plano e intelectual àquilo que lutamos para acreditar: Deus está sempre presente – mesmo no meio da escuridão.

Em segundo lugar, além de nos chamar a desconsiderar e desconfiar de nossos sentimentos, a noite escura nos desafia a abandonar as imagens de Deus amadas, confiáveis e testadas ao longo do tempo. De fato, a noite escura nos despoja delas. As referências a Deus como um Pai eterno de amor incondicional ou uma Mãe divina de infinita compaixão murcham e desmoronam na escuridão frígida, árida e silenciosa dessa noite. Pense em Jesus, lutando na cruz para entender a imagem de Deus como *Abbá*, enquanto começa a orar o Salmo 22: "Meu Deus, meu Deus, por que me abandonaste?" (Mateus 27,46). Essa purificação nos lembra de que nossas imagens de Deus são tão diferentes da realidade de Deus quanto uma fotografia de seu modelo ou de uma paisagem. Abandonamos a falsa segurança de pensar que conhecemos a Deus e nos entregamos com fé e confiança ao divino mistério pessoal do amor incondicional no centro de nossa existência. "Seja feita a tua vontade." Essa entrega do coração torna-se a estrela-guia.

A atenção plena ao destino dos pensamentos, desejos e sentimentos – para perto ou para longe de Deus – é uma prática útil. Enquanto Deus usa a consolação para nos atrair e nutrir, Satanás usa desolações para nos desencorajar e desorientar. E, às vezes, como sabem os peregrinos experientes, não se pode confiar nos sentimentos. Os místicos comuns estão sempre atentos às inúmeras maneiras pelas quais Deus nos convida a um relacionamento mais profundo.

Praticar

Sente-se confortável e silenciosamente em uma cadeira. Respire fundo algumas vezes e volte ao momento presente. Ao chegar, tome consciência de seus pensamentos, desejos e sentimentos neste exato momento. Passe vinte minutos prestando atenção neles e observando-os. Depois desses vinte minutos, pergunte a si mesmo: "Meus pensamentos, desejos e sentimentos estão me apontando para um relacionamento mais profundo com Deus ou me distanciando dele?". Depois de responder à pergunta, decida sobre uma ação específica como uma solução apropriada.

Refletir

1. *Lembre-se de uma ocasião recente em que sentiu consolação. Como isso energizou ou encorajou você? Como respondeu a isso? Lembre-se de um momento recente em que experimentou desolação. Como isso afetou você? Como respondeu a isso?*
2. *Como você experimentou a noite escura? Que conselho daria a um amigo de confiança que está passando por isso?*

Ponderar

A presença de Deus nos envolve como o ar que respiramos.

7

Tateando no escuro

Caminhar pela fé, não pela visão

Depois de mais de dez anos como missionário na China continental, meu disfarce foi descoberto e o governo chinês descobriu quem eu era, onde morava e o que estava fazendo. Contra a minha vontade, mas sabendo que era uma decisão sábia, voltei aos Estados Unidos em janeiro de 2004. Achei que estava voltando para casa, mas logo descobri que era um estranho em uma terra estrangeira. Ouvir rádio e assistir à televisão trouxe de volta lembranças dos meus primeiros dias na China, quando não conseguia entender o que estava ouvindo ou me concentrar no que estava assistindo. Havia pelo menos três gerações de franciscanos que me conheciam apenas como "o frade na China". Meus colegas franciscanos ainda se relacionavam comigo como faziam uma década antes; eles não sabiam que a China havia me transformado. Meus melhores amigos, todos chineses, estavam agora do outro lado do mundo; apesar das chamadas de vídeo e dos e-mails, eu sabia que nossa amizade nunca mais seria a mesma. Até a comida tinha um gosto estranho para mim, pois eu ansiava por tofu caseiro, *noodles* de Pequim (prato elaborado com macarrão bifum ou similar, carne, broto de feijão, *shiitake* e temperos) e *hot pot* (caldo saboroso tradicionalmente servido dentro de uma grande panela de metal, disposta no centro da mesa e na qual são colocados ingredientes crus, como carne e legumes, pelos próprios comensais). Senti como se tivesse sido jogado no meio de um deserto à meia-noite sem óculos de visão noturna, mapa ou *kit* de sobrevivência.

Eu havia decidido, com meu superior religioso, suprir a necessidade de um professor de Teologia em nossa pequena universidade no sul de Illinois. Fui lecionar na Universidade Quincy por dois anos e a experiência foi miserável. Embora desfrutasse de relativo sucesso na sala de aula e fosse procurado como confidente e mentor por alguns de meus alunos, eu me sentia uma alma perdida. Como minha autoimagem estava muito ligada ao fato de eu ser um missionário na China, lutei para encontrar sentido como professor universitário. Eu me sentia vazio, desanimado e deprimido.

Por que Deus permitiu que o governo chinês descobrisse minha verdadeira identidade e desse fim ao meu sonho de quarenta e cinco anos de ser missionário na China? Qual era agora o meu chamado e a minha vocação? Como

A mística ao alcance de todos 103

eu poderia reparar uma vida que não estava apenas se erodindo nas bordas, mas também se dividindo em duas?

Momentos de questionamentos e confusão

Ao contrário de uma noite escura, que desce de repente e sufoca pela sensação de ausência de Deus, há outros momentos de profunda confusão, questionamento e ansiedade. Voltamo-nos para nós mesmos e nos tornamos egocêntricos. Somos empurrados escada abaixo para um porão escuro e sufocante, onde tropeçamos e lutamos para encontrar um raio de luz. Suspiramos por algum sentido enquanto nossa fé se dissipa em nuvens de fumaça e uma agitação emocional, que obscurece nossa visão, levanta dúvidas sobre o futuro. Sentimo-nos desorientados, perdidos e esquecidos enquanto um silêncio ensurdecedor reina em nossa vida. Como os israelitas no deserto murmurando contra Moisés, perguntamos: "Por que nos fizeste sair do Egito? Foi para matar-nos de sede junto com nossos filhos e nossos rebanhos?" (Êxodo 17,3). Chamo a isso de momentos de mistério. Todos nós os experimentamos.

Philip e Ann estão comprometidos com sua fé e levam seus valores cristãos para o trabalho. Eles aguardavam o nascimento do terceiro filho com alegre expectativa. Mas a pequena Julie viveu menos de setenta e duas horas. "Por que Deus nos deixou tão empolgados, apenas para nos decepcionar?", eles se perguntavam enquanto mergulhavam em um momento de mistério.

Muitas pessoas achavam que Sally estava sendo ingênua. Mas, quando o marido, depois de dois anos de infidelidade, implorou-lhe para retomar o casamento, Sally assentiu com uma hesitação confusa. A ambiguidade de sua disposição era um passo na escuridão.

> Nada de novo acontece enquanto estivermos dentro da nossa zona de conforto. Nada de bom ou criativo emerge dos negócios realizados como de costume. Grande parte do trabalho do Deus da Bíblia é levar as pessoas ao espaço liminar ("um lugar estreito sem respostas") e ali mantê--las por tempo suficiente para que possam aprender algo essencial. É o espaço de ensino final, talvez o único.[1]
>
> Richard Rohr

O telefonema da Vara da Infância e Juventude provou ser um teste de generosidade e fé para Sue e Andy. O menininho havia sido encontrado em um saco plástico em uma lixeira. Ele tinha alguns meses de idade e uma grave lesão cerebral. "Nós sabemos que vocês estão interessados em adotar uma criança. A adoção deste menino será praticamente impossível. Vocês são nossa única esperança. Vocês o aceitariam?" Andy não podia dizer não a uma criança assim. Embora entendesse a oposição inicial de Sue, ele não conseguia ficar em paz. Eles levaram uma semana para tomar a decisão. Ao convencer Sue, ele retornou a ligação: "Sim, vamos dar um lar ao garotinho". Andy e Sue disseram sim a um momento de mistério que oferecia mais perguntas do que respostas.

---

[1] *Nothing new happens* [Nada de novo acontece]: Richard Rohr, Days Without Answers in a Narrow Space, *The National Catholic Reporter*, February 1, p. 15, 2000.

A mística ao alcance de todos ▓ 105

Um amigo meu, de quarenta e poucos anos, anunciou à esposa certo dia: "Preciso de um pouco de espaço. Preciso de um tempo para ficar sozinho. Preciso de um pouco de liberdade". Isso precipitou um momento de mistério para a esposa de meu amigo; depois de quinze anos, ela precisou conviver com perguntas confusas e dolorosas, que não foram respondidas imediatamente: "O que há de errado? Ele vai voltar? O que foi que eu fiz?".

Respondendo ao mistério

Como reagimos a esses momentos de desorientação, quando nos sentimos paralisados ou vagando sem rumo, sem senso de direção? O que fazemos quando nossa autoimagem é arrancada de nós? Como lidamos com a surpresa de uma mudança inesperada e repentina? O que fazemos quando estamos descontentes com o presente, o futuro ainda não se revelou e sentimos que estamos suspensos no ar? Como vivemos com a pergunta assombrosa: "Por que eu?".

A atenção plena ao momento presente pode ser uma agonia quando o momento parece confuso ou inútil, um vazio sem sentido.

Algumas pessoas cometem o mesmo erro que cometi ao retornar aos Estados Unidos. Em vez de viver o presente e permitir que o futuro se desdobrasse à sua maneira e no seu tempo, agarrei-me à minha autoimagem de missionário e mantive teimosamente um pé na China. Passei horas intermináveis conversando por videochamada e enviando e-mails para meus amigos chineses. Eu comia em restaurantes chineses, visitava sites chineses e ouvia estações de rádio chinesas. Era meu pior inimigo, porque a negação é o combustível da frustração.

Algumas pessoas nunca vão aprender nada porque entendem cedo demais. A sabedoria, afinal, não é uma estação em que você chega, mas uma maneira de viajar... Saber exatamente para onde você está indo pode ser a melhor maneira de se perder. Nem todos os que vagam estão perdidos.[2]

Anthony de Mello

Algumas pessoas procuram o significado do mistério usando o dispositivo testado da luz da lógica. Elas tolamente usam a mente para desconstruir o mistério com respostas prontas e iluminá-lo com compreensão racional. Exploram o mistério esperando desvendar seu segredo e analisá-lo como um espécime sob um microscópio: "Isso vai me tornar uma pessoa melhor"; "Deus está tentando me ensinar uma lição"; "Essa é a maneira de Deus me disciplinar". Mas as Escrituras revelam que a lógica não pode iluminar o que só pode ser encontrado além de sua luz, nas trevas da fé. É por isso que João da Cruz nos lembra sabiamente de que "[os seres humanos] devem manter os olhos fechados e trilhar o caminho na escuridão se quiserem ter certeza para onde estão indo".[3]

Jó é um exemplo bíblico de alguém que trilha o caminho do mistério nas trevas. Esse homem íntegro, reto, temente a Deus e o mais rico entre os habitantes do Oriente, de

---

[2] *Some people will never learn anything* [Algumas pessoas nunca vão aprender nada]: Anthony de Mello, *The Heart of the Enlightened* (New York: Doubleday, 1989), p. 159.

[3] *[Humans] must keep their eyes shut* [(Os seres humanos) devem manter os olhos fechados]: São João da Cruz, *The Dark Night*, 2.16.12, in *The Collected Works of St. John of the Cross*, trad. Kieran Kavanaugh, ocd, e Otilio Rodriguez, ocd (Washington: ICS, 1991), p. 434.

repente teve tudo tirado dele: sua casa e todos os seus bens, sua família e sua saúde (ver Jó 1,6-19). As perguntas giram como uma tempestade de areia à medida que as obsessões do ego com a preocupação consigo mesmo, sua autoimagem, autogratificação e autopreservação são confrontadas e contestadas. Ainda confiando em Deus (Jó 1,21-22), Jó se rende em silêncio por sete dias e sete noites (Jó 2,13).

Os amigos de Jó, Elifaz, Baldad e Sofar, estavam convencidos de que sabiam por que o justo Jó estava sofrendo. Em longos discursos abrangendo vinte e um capítulos (Jó 4–25), eles dizem a Jó que seu sofrimento era resultado de seus pecados. Se ele admitisse e se arrependesse, Deus o abençoaria novamente. Embora Jó mais tarde admita que exagerou ao falar das maravilhas do Senhor sem nada entender (Jó 42,1-6), Deus recusou categoricamente a interpretação de seus amigos como "loucura" (Jó 42,8).

E, então, há José, mergulhado em sua confusão. Sua noiva está grávida e ele não é o pai da criança. Sua incerteza e ceticismo o levam a pensar em romper o noivado com Maria. Um anjo aparece e lhe diz que Maria está grávida do Espírito Santo. José é convidado a levar a mulher grávida para sua casa, cuidar dela e dar ao menino o nome de Jesus (Mateus 1,18-25). Um momento de mistério. Um chamado para caminhar na escuridão.

José estaria batendo a cabeça contra a parede se tentasse entender a Anunciação. E aquelas pessoas racionais que o criticavam por receber uma mulher grávida em sua casa e se casar com ela? Elas traem a própria ignorância dos caminhos de Deus. Richard Rohr escreve: "As pessoas que realmente encontraram o Sagrado são sempre humildes. São as pessoas que não o conhecem que costumam fingir. As pessoas que tiveram alguma experiência espiritual genuína sempre sabem que não sabem. Elas ficam totalmente humildes diante do mistério. Ficam maravilhadas diante desse abismo".[4]

Meu Pai,
eu me abandono a ti.
Faz de mim o que te agradar.
Não importa o que faças de mim, eu te agradeço.
Estou pronto para tudo, eu aceito tudo.
Tomara que tua vontade se faça em mim
e em todas as tuas criaturas.
Eu não desejo nada mais, meu Deus.
Eu coloco minha alma entre tuas mãos.
Eu a ofereço, meu Deus, com todo o amor
do meu coração.
Porque eu te amo, e minha necessidade
é colocar-me em tuas mãos sem medida,
com infinita confiança,
pois tu és meu Pai.[5]

Charles de Foucauld

O mistério exige, no mínimo, resignação passiva; no máximo, abandono e entrega confiante. Não há outra

---

[4] *People who have really met the Holy* [As pessoas que realmente encontraram o Sagrado]: Richard Rohr, Utterly Humbled by Mystery, On Being blog, November 6, 2017, <https://onbeing.org/blog/richard-rohr-utterly-humbled--by-mystery>.

[5] *Father, I abandon myself* [Meu Pai, eu me abandono a ti]: Cathy Wright, lsj, *Charles de Foucauld: Journey of the Spirit* (Boston: Pauline Books & Media, 2005), p. 78.

A mística ao alcance de todos 109

resposta. O desafio da transição da meia-idade só pode ser suportado, não explicado. O nascimento de uma criança doente desafia tanto a fé quanto a lógica. Uma incômoda agitação interior nem sempre pode ser racionalizada ou explicada. Quantas vezes ouvimos dizer: "Não sei por quê, mas tenho que confiar em meu instinto?". Momentos de mistério nos impelem a nos tornarmos místicos das trevas enquanto caminhamos com todas as nossas dúvidas e incertezas além da luz, em um aparente abismo. Sentimos lenta e hesitantemente nosso caminho através da escuridão da fé, sem saber se estamos retrocedendo, avançando ou refazendo nossos passos. Andar nessa escuridão é viajar pelo canal de nascimento do mistério.

Durante uma missão de pregação em Camarões, África Ocidental, conheci um homem chamado John que havia nascido cego. Conversamos diariamente durante três semanas e, certa vez, perguntei se ele achava difícil não ter visão. Ele me surpreendeu com sua resposta: "Você não sabe? Nunca experimentou? Afinal, quando se trata de viver nossa fé, todos andamos como cegos".

Acolher e andar com o mistério é abraçar a cegueira da fé. Fé é um verbo, não um substantivo; é uma maneira de viver, não simplesmente de acreditar. É nossa resposta ao convite de Deus para um relacionamento mais profundo. Abandonamos a familiaridade e o conforto do passado. Também renunciamos à necessidade do ego de entender e racionalizar, que oferece tanta falsa segurança, e, como Pedro, damos aquele passo aflitivo e precário sobre a água (Mateus 14,29). O importante não é até onde chegamos; o importante é que demos o passo. Os místicos comuns sabem bem que a fé e a maturidade espiritual são medidas pelo passo em si, não pelo tamanho da passada.

"Passinhos de bebê"

Frei Medard envelheceu graciosamente. Ironicamente, cerca de quarenta de seus oitenta e oito anos apresentaram desafios físicos e psicológicos. Uma infecção de tuberculose, uma operação que removeu metade do pulmão e quinze outras operações, incluindo uma no coração, deixaram-no com uma aparência física frágil. Surpreendentemente, porém, ele tinha mais energia ministerial do que frades com metade de sua idade.

Medard nunca foi eleito para nenhum cargo entre os frades. Pode-se dizer que ele foi condenado ao ostracismo por sua própria comunidade franciscana. Ele havia sido reitor da Escola de Teologia Franciscana durante os tumultuados anos de mudança imediatamente após o Concílio Vaticano II. Os frades mais velhos e o corpo docente da faculdade de Teologia achavam que Medard era muito progressista. Os alunos reclamavam que ele era muito conservador. Travado no meio e totalmente incompreendido, não tinha amigos nem confidentes entre os frades.

Tais provações físicas, juntamente com a falta de apreço e compreensão da comunidade, teriam tornado muitas pessoas amargas, zangadas e ressentidas. Mas isso não aconteceu com Medard. Ele não tinha malícia nem alimentava motivações egoístas.

Enquanto eu chorava diante de seu caixão em julho de 2004 e contemplava seu cadáver com os volumosos sapatos ortopédicos, lembrei-me de uma conversa que tivemos em que ele revelou o segredo de seu misticismo. "Passinhos de bebê, Albert", ele me confidenciou, "passinhos de bebê. Você apenas responde à graça de Deus colocando um pé na frente do outro, mesmo que seja apenas um claudicar hesitante."

A mística ao alcance de todos 111

Enquanto nos arrastamos na escuridão da fé, enquanto damos passos de bebê levando as dúvidas da meia-idade por um caminho no qual nunca passamos antes, enquanto estamos diante do mistério de uma criança doente ou da perda de uma pessoa amada, o mistério, como uma flor de cacto, lentamente desenvolve o botão, desabrocha e floresce – e encontramos nossa resignação ou rendição transformada em aceitação voluntária, enquanto rezamos a oração do místico comum: "Seja feita a tua vontade". Nesse momento, o alvorecer de um novo dia com seu vislumbre de luz aparece no horizonte, enquanto o mistério dá origem ao significado. Quantas vezes dizemos: "Nunca pensei que algo tão bom poderia sair de algo que começou tão mal"? Ou: "Se você tivesse me dito naquela época o que sei agora, eu não teria ficado tão assustado e resistente".

O sofrimento inocente de Jó deu origem a *insights* sobre o plano soberano do inefável Criador. No final, Deus abençoou Jó com o dobro do que ele tinha antes (Jó 42,10). Para José, o mistério da Anunciação floresceu no milagre do Natal. Para aqueles que estão na transição da meia-idade, as perguntas devastadoras e as inquietações, que desafiam e ameaçam as obsessões do ego da primeira metade da vida, gradualmente se tornam silenciosas; essas pessoas iniciam, então, o caminho espiritual interior, que é a tarefa habitual da segunda metade da vida. A caminhada solitária e assustadora para abraçar a própria sexualidade aproxima a pessoa da autoaceitação e da integração pessoal. Até mesmo o profundo mistério de uma criança natimorta floresce na realização da missão de uma vida que se conclui de forma rápida e silenciosa.

Minhas tentativas de manter minha autoimagem como missionário e conservar um pé na China continuaram por dois anos. Lutei com as perguntas: "Por que voltei para os Estados Unidos? O que estou fazendo aqui? O que Deus está pedindo de mim?". Eu vivia em um estado de frustração constante. Com o passar dos meses, os e-mails para amigos chineses tornaram-se gradualmente menos frequentes. Eu me vi comendo com mais frequência no Burger King do que no Emperor's Palace. Aceitei convites ocasionais para pregar. Esses convites foram se tornando mais frequentes – tanto que recebi permissão para me tornar um pregador itinerante em tempo integral.

Certa noite, em Laramie, Wyoming, preguei sobre as decepções e tristezas da vida. Como exemplo, contei como meu sonho de infância de ser missionário na China foi interrompido repentinamente. Falei sobre minha frustração constante, mesmo depois de quatro anos, de não ser mais um missionário.

Após a prédica, uma mulher se aproximou e agradeceu por minhas palavras. Ela continuou: "Padre, depois de ouvir sua história, não pude deixar de pensar que, com todas as viagens e pregações que faz, você ainda é um missionário – mas não em uma terra estrangeira. É um missionário em seu próprio país!".

Fiquei surpreso com aquelas palavras. Eu nunca tinha pensado em mim mesmo como um missionário nos Estados Unidos. Com essa nova perspectiva repentina, a luz da manhã raiou sobre mim. Nasci de novo quando o mistério floresceu em significado.

A famosa oração de Thomas Merton é ideal para rezar durante um momento de mistério. Ela poderia ter sido a oração de Jó ou de José. Certamente, era a minha. Quando somos chamados a acolher o mistério, a viver com dúvidas, a tatear na escuridão, rezamos:

A mística ao alcance de todos 113

Senhor, meu Deus,
Não tenho ideia de aonde estou indo.
Não vejo o caminho à minha frente.
Não posso saber com certeza onde terminará.
Nem sequer, em verdade, me conheço.
E o fato de eu pensar que estou seguindo tua vontade
não significa que realmente o esteja.
Mas acredito que o desejo de te agradar te agrade, de fato.
E espero ter esse desejo em tudo que estiver fazendo.
Espero jamais vir a fazer alguma coisa
distante desse desejo.
E sei que, se agir assim,
tu hás de me levar pelo caminho certo,
embora eu possa nada saber sobre ele.
Portanto, hei de confiar sempre em ti,
ainda que eu possa parecer estar perdido
e sob a sombra da morte.
Não hei de temer, pois tu sempre estás comigo,
e nunca hás de deixar que eu enfrente
meus perigos sozinho.[6]

---

[6] *My Lord God* [Senhor, meu Deus]: Thomas Merton, *Thoughts in Solitude* (New York: Farrar, Straus, and Cudahy, 1958), p. 83. [Ed. bras.: Thomas Merton. *Na liberdade da solidão*. Petrópolis: Vozes, 2001.]

Praticar

Reserve algum tempo para anotar a conclusão das seguintes frases:
- O momento mais desafiador da minha vida foi...
- Na minha confusão, questionei a Deus quando...
- Um momento de mistério que mais tarde ganhou um novo significado e uma nova perspectiva para mim foi...

Considere compartilhar as respostas com um companheiro espiritual ou amigo de confiança.

Refletir

1. Quando você se sentiu como Jó, sofrendo sem merecer? Quando se sentiu como José, desafiado a seguir adiante baseado na fé? Como as histórias de Jó e José o tocaram, o impressionaram ou o desafiaram?
2. Reflita em espírito de oração sobre as palavras da oração de Thomas Merton. Que lembranças ela desperta em você?

Ponderar

Caminhar nas trevas do mistério é ser guiado pela luz da fé.

8

Desafiando o ego

Perdoar a Deus, a mim mesmo e aos outros

Levei quinze anos para aceitar a realidade do suicídio de meu pai. No final dos meus vinte e poucos anos, enquanto me preparava para a ordenação ao sacerdócio, decidi procurar um serviço de terapia breve para amarrar quaisquer pontas emocionais soltas remanescentes da minha infância. O que eu achava que seria no máximo uma volta de doze semanas ao passado se transformou em uma odisseia de quinze meses.

Na quarta sessão com o terapeuta, tive uma surpresa desconcertante sobre mim que não pude negar. Sempre pensei em mim como uma pessoa divertida e alegre – e eu era. Mas por baixo desse verniz de alegria havia alguém cheio de raiva. Eu tinha raiva do meu pai pela decisão que ele havia tomado. Achei-o egoísta e egocêntrico por fazer algo que causou sérias implicações para toda a família. Ele não tinha noção do dano que sua decisão causaria à família e dos encargos financeiros que colocaria sobre os ombros de minha mãe, que era dona de casa? Havia esquecido sua responsabilidade de pai para com suas duas filhas e três filhos?

Passei e repassei lembranças de como havia desrespeitado meu pai apenas uma semana antes de sua morte. Tinha certeza de que minhas travessuras adolescentes o haviam decepcionado e contribuído em sua decisão de morrer por suicídio. Eu me arrependi amargamente de minhas ações e fiquei com raiva de mim mesmo.

Também fiquei com raiva de Deus por permitir que isso acontecesse. Se Deus era onisciente, onipotente e incondicionalmente amoroso, por que não fez a arma falhar ou desviou a bala, antes de entrar no peito do meu pai? Por que Deus não desafiou minha consciência dias antes e me lembrou de honrar meu pai? Onde estava Deus naquela tarde de terça-feira, em outubro de 1968?

O momento presente é um embaixador que declara a vontade de Deus na necessidade não atendida ou dever exigido. Às vezes, é um desafio responder a essa exigência. Passei muitos meses da terapia circulando por um deserto de raiva, amargura e arrependimento, enquanto lutava para aceitar o convite de Deus a perdoar.

O mapa para o perdão

A morte de meu pai foi minha primeira experiência com ressentimento nascido da raiva. Ajudou a moldar minha preocupação com a autopreservação: como sobreviveríamos se minha mãe tinha apenas o Ensino Médio e passara a vida adulta como dona de casa? Como a comida chegaria à mesa e como poderíamos manter um teto sobre nossas cabeças? Também moldou minha preocupação com a autoimagem: o suicídio, na década de 1960, era estigmatizado, um assunto sussurrado apenas entre os amigos mais próximos. Por alguma razão irracional, isso fez com que eu e minha família nos sentíssemos culpados e responsáveis. Aos treze anos, eu era jovem demais para saber o que descobri nos meus vinte e poucos anos: perdoar meu pai implicaria, em parte, ir além da preocupação com a autopreservação e a autoimagem; também exigiria reformular meus pensamentos sobre o verdadeiro significado da felicidade.

Muitas pessoas não pensam no perdão como uma prática espiritual. Mas ele é. E é uma das mais desafiadoras. Exige ir além das mágoas que surgem quando as pessoas mancham nossa reputação, não atendem às nossas expectativas ou fofocam pelas nossas costas. Requer recusar-se a lidar com os ressentimentos que despontam quando amigos e conhecidos criticam nosso estilo de vida ou nos magoam. Exige não mexer nos rancores que apodrecem quando amigos e familiares desabonam e menosprezam o que consideramos íntimo e querido. O perdão ameaça e confronta qualquer fixação com preocupação consigo mesmo, autoimagem, autogratificação e autopreservação. Exige liberdade do estrangulamento do ego.

A libertação do ego – conquistada através da atenção plena, adequando nossos pensamentos ao Sermão da Montanha e respondendo ao desejo ardente de Deus e a seu convite entusiástico para um relacionamento mais profundo – é um processo lento e duradouro que consiste mais em passos irregulares e vacilantes de bebê do que em passos longos e comemorativos. Mas cada passo para longe do ego nos aproxima um pouco mais do perdão autêntico e duradouro. À medida que crescemos na atenção plena de nossos pensamentos e desejos aqui e agora e paramos de alimentar as quatro obsessões, o ego começa a se esvaziar e não temos mais necessidade de abrigar animosidade. Deixamos de lado o passado e voltamos a viver no momento presente. Por ser fácil escorregar, cair e voltar à raiva, rancor e ressentimento do passado, o conselho de Jesus no Sermão da Montanha é bem-aceito: "Mas eu vos digo: amai vossos inimigos e orai pelos que vos perseguem" (Mateus 5,44). Orar por meu falecido pai, mesmo antes de perdoá-lo, me manteve no longo caminho em direção ao oásis do perdão.

Eu discordei de um amigo que disse: "Perdoar minha esposa é como dar a ela permissão para me dar um tapa na cara novamente". O perdão não significa que aprovamos ou toleramos o pecado, a transgressão ou a ofensa cometida contra nós. Não significa que renunciamos a uma autoestima saudável e nos tornamos um capacho onde as pessoas limpam os pés. Ele nos faz encarar a verdade, reconhecer a dívida e nomear o que é errado (ver a parábola do servo malvado, Mateus 18,23-35). Mas também nos faz ignorar o ego, substituindo sua exigência de justiça por uma doação de misericórdia e compaixão – essa é uma maneira de viver a espiritualidade essencial de Jesus.

Embora eu soubesse que nunca poderia mudar o fato da morte de meu pai, pensei erroneamente que o caminho para o perdão estava em apagar sua memória. Quando um evento importante como minha formatura na faculdade ou minha ordenação ao sacerdócio tornou a ausência de meu pai evidente novamente, fui aconselhado: "Esqueça, não insista nisso e siga em frente com sua vida!". Por mais que tentasse, infelizmente, não consegui seguir esse conselho – suprimir sua memória.

Perdoar não significa esquecer. Quando perdoamos uma pessoa, a lembrança da ferida pode permanecer conosco por muito tempo, até mesmo pela vida toda. Às vezes, carregamos a memória em nossos corpos como um sinal visível. Mas o perdão muda a maneira como nos lembramos. Converte a maldição em bênção. Quando perdoamos nossos pais por seu divórcio, nossos filhos por sua falta de atenção, nossos amigos por sua infidelidade num momento de crise, nossos médicos por seus maus conselhos, não precisamos mais nos sentir vítimas de eventos sobre os quais não tínhamos controle.

O perdão nos permite reivindicar nosso próprio poder e não deixar que esses eventos nos destruam; permite que eles se tornem eventos que aprofundam a sabedoria de nosso coração. O perdão realmente cura as memórias.[1]

Henri J. Nouwen

---

[1] *Forgiving does not mean forgetting* [Perdoar não significa esquecer]: Henri J. Nouwen, Healing Our Memories, Henri Nouwen Society, <http://henrinouwen.org/meditation/healing-our-memories>.

"Perdoe e esqueça" é um conselho dado com frequência, mas às vezes impossível de seguir. De fato, algumas mágoas – a morte de um ente querido por suicídio ou assassinato, um adultério, uma fraude financeira ou uma decepção pessoal – ficam gravadas em nossa memória. "Como posso esquecer a maneira como ele mentiu descaradamente para mim?", perguntou Michele. "Estaria mentindo para mim mesma se dissesse que consigo..."

Perdoar não é esquecer: eu me lembro do que aconteceu, mas escolho não descer pela toca do coelho do ego com seu complexo labirinto de protestos maníacos e queixas narcisistas. O perdão é a memória consagrada na misericórdia. Raiva, ressentimento e rancor são cargas pesadas para carregar sob o sol do deserto. Elas nos drenam a energia necessária enquanto lutamos para mantê-las equilibradas em nossas costas. Nós nos cansamos. Muitas vezes esquecemos que as pessoas que nos prejudicaram continuaram suas jornadas – e estão curtindo a vida! O perdão é um presente que damos, não ao traidor, mas a nós mesmos, e que alivia e refresca nosso espírito.

O perdão não é um sentimento, mas uma decisão. Começa com um ato de vontade que gradualmente esvazia o ego e influencia o coração. Como qualquer outro compromisso ou resolução, não é uma ação que tenha um efeito instantâneo em nossa mentalidade e perspectiva. É mais como um processo: lembramo-nos de nossa decisão e renovamos nossa determinação sempre que o ego bate com o punho na mesa e exige vingança.

Aqueles quinze meses de terapia me ensinaram muito sobre a natureza do perdão, tanto quanto algumas técnicas para praticar quando o dever exigido do momento presente é perdoar a Deus, a mim mesmo ou aos outros.

Perdoar a Deus

"Parece-me que você precisa perdoar a Deus", o padre me disse.

"Perdoar a *Deus*?", eu perguntei. "Eu jamais poderia ficar com raiva de Deus. Isso nem entra no reino das possibilidades. Seria um pecado grave."

Perdoar a Deus soa blasfemo. Implica que Deus cometa pecados, pratique injustiças e até faça algo errado. Jesus enfatizou exatamente o oposto: Deus é "bom" (Mateus 20,15) e incondicionalmente amoroso, "faz nascer seu sol sobre maus e bons e envia a chuva sobre justos e injustos" (Mateus 5,45). A má intenção e a parcialidade são contrárias ao Deus revelado em Jesus.

E, no entanto, sem estarmos conscientemente esclarecidos de nossos sentimentos, alguns de nós culpam e até guardam rancor contra Deus. Foi o que fiz por quase quinze anos. Oramos por coisas boas, honrosas e até admiráveis – pelos desempregados, pela paz mundial, pelo fim do terrorismo –, e nossas orações ficam sem resposta. Lemos sobre desastres naturais como furacões, tornados e *tsunamis* que destroem vidas e meios de subsistência e nos perguntamos por que Deus não os impede. Por que Deus deixa que algumas crianças sofram de doenças terríveis que colocam a vida delas em risco ou, pior ainda, faz com que pais e mães enterrem seus filhos? O catálogo de reclamações é interminável. Talvez você conheça um amigo ou parente que, afastando-se de Deus e de qualquer associação à Igreja, apontou um dedo de culpa e vergonha para os céus por causa de alguma decepção, sofrimento ou tragédia.

Perdoar a Deus envolve manter um relacionamento infantil e um investimento pessoal com o divino quando o ego se torna ressentido, cínico ou cético. O coração da revelação judaico-cristã nos lembra de que Deus é um mistério pessoal, amoroso e compassivo. Como um mistério *pessoal*, ele investe ardentemente em nossa vida individual e deseja que experimentemos vida em abundância (ver João 10,10). Deus nos ama incondicionalmente, mesmo com nossos pecados (ver Romanos 5,8). Como um mistério *compassivo*, Deus é movido por nossos sofrimentos e lutas (ver Êxodo 3,7). Mas, acima de tudo, Deus é um mistério *inefável* e *incompreensível* (ver Isaías 55,8-9).

Manter um relacionamento com o divino em meio a nossas orações e sofrimentos não respondidos requer a atitude infantil que acredita que Deus, como qualquer outro pai ou responsável, é confiável e conhece nossa situação – mesmo quando não entendemos o silêncio ensurdecedor ou não concordamos com a aparente resposta. Essa confiança infantil começa a brotar nos adultos que aceitam o momento presente e fazem a oração de Jesus no Getsêmani: "não seja feita minha vontade, mas a tua!" (Lucas 22,42); desabrocha num ato final de abandono e entrega: "Pai, em tuas mãos entrego meu espírito!" (Lucas 23,46). Perdoar a Deus é um ato radical – talvez o mais radical – de fé e fidelidade que abre caminho para a libertação do ego. Essa é a postura de um místico comum.

Há uma técnica simples de oração que pode ajudá-lo a manter essa fé radical em tempos difíceis, quando você pode ser tentado a sentir raiva e ressentimento em relação a Deus.

Comece sentando em uma posição confortável e que o mantenha atento. Ao se acomodar nessa posição, lembre-se de que você está na presença de Deus, que é um mistério pessoal, amoroso e compassivo. Passe bastante tempo aproveitando a consciência, aqui e agora, dessa presença abrangente.

Traga sua situação atual para essa presença. Ao fazer isso, faça um esforço consciente para não analisar sua dificuldade, encontrar significado em seu sofrimento ou responder à pergunta incômoda: "Por que eu?". Como filho de Deus, assuma que você não entenderá os desígnios amorosos e compassivos de Deus e sua maneira misteriosa de atuar no mundo. Esse passo se dá ao caminhar com um momento de mistério e desmantelar a tentativa do ego de consertar, controlar ou entender cada incidente e circunstância. Enquanto você se senta na presença de Deus diante de sua situação, inspire lentamente e ore a palavra *aceitação*. Isso imita a oração de Jesus no Getsêmani. Ao expirar, ore a palavra *rendição*. Isso imita a oração de Jesus na cruz. Quanto mais a praticamos, mais essa técnica desafia o ego e fortalece nossa determinação de aceitar o convite para perdoar a Deus.

Perdoar a mim mesmo

Vivemos em um mundo guiado pela perfeição, com expectativas irreais que outras pessoas colocam para nós ou que colocamos para nós mesmos. Consequentemente, cometemos erros por ação e omissão, dos quais nos arrependemos amargamente. Falhamos em algum grande projeto de vida: nosso casamento termina em divórcio ou um empreendimento que começamos vai à falência. Algumas pessoas se sentem culpadas porque magoaram alguém que amam: Betty traiu seu cônjuge; Raymond foi forçado a colocar seu pai doente em uma casa de repouso. Outras punem a si mesmas pelos danos causados por comportamentos autodestrutivos: fumar causa câncer, vícios destroem famílias. Lamentamos não ter feito algo que achamos que deveríamos ter feito: não intervimos em uma disputa familiar, não estivemos presentes na morte de um ente querido ou não guardamos dinheiro suficiente para uma aposentadoria adequada. É muito fácil se perder em um deserto de arrependimentos, tristezas e pecados.

> Se o catolicismo em que fui criado tinha uma falha, e tinha, era precisamente porque não admitia erros. Exigia que você acertasse na primeira vez...
> Precisamos de uma teologia da imperfeição...
> Precisamos de uma teologia que nos diga que os erros não são eternos, que eles não duram a vida toda, que o tempo e a graça removem suas manchas, que nada é irrevogável. Finalmente, precisamos de uma teologia que nos ensine que Deus nos ama como pecadores e que a tarefa do cristianismo não é nos ensinar como viver, mas como viver de novo, e de novo, e de novo.[2]
>
> Ronald Rolheiser, omi

Encontrar o caminho para uma consciência limpa, onde alguém é revivido e revigorado pelo autoperdão, requer a prática da CPR.

O *C* significa *confessar*. Perdoar a si mesmo começa com a admissão do erro ou da falha de um amigo de confiança, um familiar ou um membro do clero. Um arrependimento não revelado passa a ser como um pica-pau bicando nossa consciência;

---

[2] *We need a theology* [Precisamos de uma teologia]: Ronald Rolheiser, omi, citado em Leo Knowles, org., *Catholic Book of Quotations* (Huntington: Our Sunday Visitor Publishing Division, 2004), p. 140.

pode facilmente se transformar em uma ferida purulenta. "Você é tão doente quanto seus segredos", para citar um ditado americano usado no "Programa dos 12 passos". Uma vez reconhecida, a falha ou pecado perde seu poder oculto sobre nós. A confissão silencia a culpa incômoda que ataca nossa paz interior. Mesmo depois de admitirmos nosso erro, é sempre tentador voltar à cena do crime e reviver a memória. Mas uma dieta de memórias regurgitadas é inútil e insalubre. O segundo passo da CPR é, então, *pressionar* o botão de "parar": deixe o passado no passado. Se você insiste em reviver o passado, pense em todas as coisas boas que fez em sua vida. Ocasionalmente, todos nós vivemos a espiritualidade essencial de Jesus e valentemente nos rendemos, nos sacrificamos e servimos aos outros, para nossa própria surpresa! Concentre-se nessas memórias. Elas muitas vezes revelam e traem nosso caráter mais verdadeiro.

O R significa *relaxar*. É bem fácil ser mais exigente do que Deus e nos sobrecarregar com pensamentos de perfeição. "Dê a si mesmo uma folga. Se Deus quisesse que você fosse perfeito, teria feito de você um computador sem livre-arbítrio", um padre me aconselhou certa vez. E continuou: "Todos nós temos coisas em nosso passado das quais nos arrependemos amargamente. Mas, em vez de julgar injustamente uma ação passada com base na sabedoria e maturidade de hoje, celebre como a graça de Deus tocou e transformou você desde aquela ocasião". Esse terceiro passo não é uma negação do passado ou uma recusa em aceitar a responsabilidade por uma ação. Ao contrário, é um reconhecimento realista da fragilidade humana, de nosso crescimento em maturidade e, acima de tudo, do poder transformador da graça de Deus.

A prática regular de CPR promove uma compreensão saudável de como o desejo ardente de Deus e o convite entusiástico para um relacionamento mais profundo interagem e transformam os peregrinos em místicos comuns.

Perdoar aos outros

Perdoar alguém é outra afronta direta ao ego. Como já mencionei, é um processo que começa com um ato de vontade, uma decisão, uma resolução. Orar pelo traidor ou inimigo facilita essa decisão e mantém o processo em andamento. No entanto, o ego tenta sabotar cada movimento em direção à misericórdia, colocando um *firewall* – uma barreira de segurança – para a raiva. Por trás desse *firewall*, estão sentimentos não resolvidos – e às vezes não verbalizados – que atrapalham a jornada em direção ao perdão. Expectativas não expressas se escondem na escuridão e revelam o fato de que responsabilizamos as pessoas pelo que não lhes dizemos. As queixas reprimidas às vezes são enterradas nas areias da infância. Esperanças não realizadas e seus ressentimentos resultantes são sintomáticos da maneira como vivemos *em torno* de nossas feridas.

> A parábola não é apenas sobre o Filho Pródigo. É sobre dois filhos pródigos. O irmão mais velho acaba se tornando um pecador maior do que o mais novo. Ele é o principal pródigo, porque se recusa a perdoar.[3]
>
> Thomas Keating

---

[3] *The parable is not just about the Prodigal Son* [A parábola não é apenas sobre o Filho Pródigo]: Thomas Keating, *Foundations for Centering Prayer and the Christian Contemplative Life* [Open Mind, Open Heart; Invitation to Love; The Mystery of Christ] (New York: Continuum, 2002), p. 294.

A parábola do filho pródigo destaca claramente os sentimentos não expressos por trás do *firewall* da raiva. O filho mais velho não estava disposto a comemorar o retorno de seu irmão mais novo para casa por causa de uma queixa infantil, não resolvida, contra a injustiça percebida de seu pai: "Há tantos anos que te sirvo e nunca desobedeci a uma ordem tua; contudo, nunca me deste um cabrito para festejar com meus amigos; mas, quando chega esse filho teu, que consumiu teus bens com prostitutas, matas para ele o bezerro cevado" (Lucas 15,29-30). Sua raiva e ressentimento revelam uma ferida mais profunda: frustrado em suas tentativas de satisfazer a obsessão de seu ego para ganhar aprovação, atenção e afeição de seu pai, o filho mais velho sente-se ignorado.

Divorciada há doze anos, Carolyn ainda estava zangada e amargurada. "Eu simplesmente não consigo acreditar que Conrad disse 'sim' e, quinze meses depois, falou que queria o divórcio. Ele me fez parecer uma idiota. Todo mundo fica me perguntando: 'O que você fez?'. Eu digo que não fiz nada, mas ainda assim sei que ninguém acredita em mim. Acho que nunca mais serei capaz de confiar em outro homem."

"É claro que entendo sua sensação de traição", respondi. "Mas você tem alguma ideia de *por que* ele quis o divórcio?"

"Para ser sincera com você", disse Carolyn, "eu vi que isso ia acontecer desde o início. Conrad era imaturo em muitos aspectos. E acho que ele não sabia o que significava comprometer-se num casamento".

Notei a atenção plena de Carolyn e sua hesitação em responder à situação.

Continuamos a discutir sobre sua raiva e a sensação de traição, bem como sobre a imaturidade de Conrad por duas sessões de orientação espiritual. Muito gradualmente, Carolyn passou a ver seu casamento pela perspectiva de Conrad. Isso a ajudou não só a entender a imaturidade dele, mas também a deixar de lado sua raiva e amargura.

Escalar o *firewall* da raiva e colocar-se no lugar do traidor, para entender o coração dele, pode ajudar a promover o perdão. Foi o que Carolyn fez. Que fatores externos podem ter influenciado a pessoa? Que ferida emocional pode ter levado a pessoa a responder dessa maneira? Que possível dor pode ter motivado o traidor? Ponderar sobre essas questões às vezes dará origem a um *insight* de compreensão. A empatia abre um caminho para o perdão quando reconhecemos e aceitamos a imperfeição de cada coração humano.

Essa foi a estratégia do pai do filho pródigo ao implorar ao filho mais velho que aceitasse o seu amor incondicional e entendesse o comportamento caprichoso de um jovem. "Meu filho! Tu estás sempre comigo, e tudo o que é meu é teu! Mas era preciso fazer festa e alegrar-se, porque este teu irmão estava morto e tornou a viver, estava perdido e foi encontrado" (Lucas 15,31-32). Colocar-se no lugar do filho mais novo com compaixão certamente não absolvia ou isentava esse filho de quebrar a confiança de seu pai. Ele simplesmente reconhecia que o filho mais novo era tão frágil quanto qualquer outra pessoa.

Encontrei o oásis do perdão quando entendi o alcoolismo de meu pai e descobri uma secreta dívida financeira que ele havia acumulado. Essas revelações me fizeram perceber que sua escolha de morrer pelas próprias mãos havia sido influenciada por fatores que claramente prejudicaram seu julgamento. Algo irrompeu dentro dele naquele 22 de outubro de 1968, e ele não conseguiu continuar vivendo por nem mais um dia. Minha decisão de perdoar foi uma forma de honrar uma vida carregada de fardos, lutas e segredos. Os místicos comuns aceitam – às vezes com facilidade, às vezes com dificuldade – o convite desse momento para perdoar a Deus, a si mesmos ou aos outros. Ao fazê--lo, eles percebem um caminho que leva a um refúgio do implacável capataz do ego. À sombra desse refúgio, eles descobrem uma nova profundidade da fé em Deus, uma aceitação mais segura de si mesmos e uma hospitalidade altruísta para acolher aqueles que antes eram considerados inimigos.

Praticar

Pense em uma tragédia recente, um desapontamento ou uma oração não atendida. Pratique por quinze minutos a técnica de respiração de perdoar a Deus.

Após a conclusão, pergunte-se: quão desafiador foi? Quão útil isso foi para me levar a rendição, sacrifício e serviço?

Refletir

1. *Pelo que você ainda tem que se perdoar? Como cada etapa da CPR facilitaria a decisão e o processo?*
2. *Pense em alguém que você ainda precisa perdoar. Como pode desenvolver compreensão e empatia por essa pessoa?*

Ponderar

O processo de perdão é outra forma prática de se libertar das obsessões do ego.

9

Inspirado por Jesus

Redescobrir a Deus

"Estou ficando cada vez mais desconfortável com o Papa Francisco. Só não entendo por que ele está fazendo esse tipo de coisas", disse Charlotte. "Eu realmente acho que ele está traindo a Deus."

"Traindo a *Deus*? O que você quer dizer?", eu perguntei.

"Deus espera que obedeçamos tanto à sua Palavra quanto à maneira como a Igreja sempre a interpretou. Mas o Papa Francisco não está mostrando respeito por nenhuma das duas. Ele está promovendo a aceitação dos homossexuais. Quer que os padres 'acompanhem' as pessoas que se divorciaram e se casaram novamente. Não tenho certeza do que ele quer dizer com isso, mas parece que está mudando a lei da Igreja. Ele está colocando tanta ênfase no amor, na misericórdia e na compaixão que está diluindo nossa fé. Deus espera que defendamos a verdade e tenhamos determinação; é por isso que ele nos deu os Dez Mandamentos. Não podemos simplesmente mudar nossas crenças porque a sociedade ou o governo dizem que está tudo bem."

"O Papa está realmente mudando nossas crenças ou está nos ajudando a redescobrir alguns de seus princípios fundamentais? Afinal, Jesus não nos ordenou que fôssemos amorosos, misericordiosos e compassivos? Lembre-se de que ele disse que devemos ser perfeitos como Deus é perfeito", respondi gentilmente.

Charlotte olhou para mim com olhos desafiadores. "Deus exige obediência em primeiro lugar." Ela enfatizou a palavra usando o dedo indicador e sublinhando-a com uma linha horizontal imaginária no ar. "E, então, vem o amor, a misericórdia e a compaixão. Ele é muito claro sobre isso."

Fiz uma pausa e decidi mudar o rumo da conversa quando vi a tensa expressão facial de Charlotte. Só mais tarde, refletindo, descobri o que estava por trás do rigor de Charlotte: seu descontentamento com o Papa Francisco tinha mais a ver com uma ameaça percebida à sua imagem de Deus do que com a visão do pontífice sobre o Catolicismo.

Não é esse o caso de muitas das crenças e doutrinas religiosas que mantemos firmemente? Como vivemos no piloto automático, não nos damos conta de como elas estão inextricavelmente ligadas à imagem que fazemos de Deus. Quando alguém questiona uma dessas crenças, inconscientemente pensamos que essa pessoa está ameaçando e

A mística ao alcance de todos 133

lançando dúvidas sobre a imagem de Deus. Como resultado, tornamo-nos defensivos e, às vezes, confrontadores.

Uma bússola para a viagem

A imagem que você faz de Deus é um dos aspectos mais importantes de sua espiritualidade e, como uma bússola, aponta para uma direção específica. As razões pelas quais você reza, obedece aos mandamentos, jejua, aceita o sofrimento, dá esmolas, vai à missa, confessa seus pecados, mantém a esperança e pratica as virtudes estão enraizadas naquilo que você pensa de Deus.

Deus pode ser para você um divino pai, amante ou amigo cuidadoso, com quem deseja passar seu tempo em oração; um policial que monitora suas ações e é rápido em flagrar qualquer violação da lei; um Papai Noel celestial que precisa ser informado e persuadido; um criador que o deslumbra diariamente com narcisos e margaridas; o distante "cara lá de cima" que precisa ser apaziguado com louvor e adoração; um vingador que precisa equilibrar a balança da justiça na mesma moeda; uma figura sábia que faz lembrar um avô idoso; uma presença permanente que o envolve como o ar que você respira; o mestre titereiro puxando as cordas da vida; um severo professor de moral que exige obediência; um juiz do tribunal de última instância. A forma que você dá a Deus determina a direção que sua jornada espiritual tomará.

O Deus de Charlotte se parece com um professor severo que exige obediência. Isso não apenas influencia seu descontentamento com o Papa Francisco, mas também a forma como ela se relaciona com Deus. Foi ela que escolheu tal imagem de Deus? Provavelmente não. Assim como a sua, a bússola dela foi determinada por fatores pessoais, religiosos e culturais.[1]

Um dia, Angélica espalhou todos os seus lápis de cor e se debruçou sobre um grande pedaço de papel. Por muito tempo, ela trabalhou e se concentrou o máximo que pôde. Quando seu irmão mais velho se aproximou e perguntou o que ela estava fazendo, respondeu: "Estou fazendo um desenho de Deus". O irmão sorriu e disse: "Ninguém sabe como é a aparência de Deus!". Angélica simplesmente respondeu: "Eles vão saber quando eu terminar!".

Embora possamos nunca ter tentado fazer um desenho de Deus, todos nós temos imagens implícitas de Deus, algumas mais articuladas, outras ainda mais poderosas por não estarem no nível da consciência. As músicas, a arte religiosa e as orações que aprendemos moldaram sutilmente nossa teologia desde o momento em que pudemos nos concentrar e entender as palavras que ouvimos.[2]

Mary M. McGlone

Nossos pais e educadores muitas vezes imprimem em nós a primeira imagem de Deus. Lembro-me vividamente de

---

[1] *Her compass was determined by personal, religious, and cultural factors* [A bússola dela foi determinada por fatores pessoais, religiosos e culturais]: alguns desses fatores são brevemente mencionados em Sue Pickering, *Spiritual Direction: A Practical Introduction* (Norwich: Canterbury Press, 2008), p. 43.

[2] *One day, Angelica spread out all her crayons* [Um dia, Angélica espalhou todos os seus lápis de cor]: Mary M. McGlone, The Image of God, *National Catholic Reporter*, September 30, 2017, <www.ncronline.org/news/spirituality/image-god>.

quando tinha quatro ou cinco anos e minha mãe me levou à igreja "para visitar Jesus". Enquanto ela se ajoelhava em oração e eu me remexia no banco, falei: "Por que Jesus nunca vem brincar comigo?". Ela respondeu: "Ele faz isso todos os dias. Você só precisa encontrá-lo". Essas palavras deram início a uma busca, ao longo da vida, por um Deus de disfarce e surpresa e continuam a influenciar minhas práticas espirituais. Com o passar do tempo, descobri que Deus surge inesperadamente. "Deus é como aquela minhoca que você encontrou debaixo da pedra e usou como isca de pesca", minha mãe me disse certa vez quando eu era adolescente. "Ele adora se esconder e surpreender", acrescentou.

Tais experiências, assim como ensinamentos sobre o que torna Deus "feliz" ou "triste", influenciam a mais antiga imagem que fazemos de Deus. Costumo dizer que esse Deus infantil é absorvido por nosso DNA espiritual e se torna nossa imagem-padrão, especialmente em tempos difíceis e desafiadores quando somos adultos.

As várias denominações cristãs e as missas de domingo às vezes reforçam, às vezes esclarecem essa imagem. Canções sobre a misericórdia, a graça, o amor de Deus, a necessidade de estarmos preparados para o Dia do Juízo, a preocupação divina com os pobres e oprimidos e as dádivas do Criador – tudo afeta a forma de pensarmos sobre Deus. As homilias também têm seu efeito: palavras sobre a ira de Deus ou o desejo divino de oração, jejum, esmola, gratidão e caridade – tudo acrescenta detalhes à imagem que fazemos de Deus.

A cultura também influencia a forma como pensamos sobre Deus. Algumas culturas no Oriente (por exemplo, a chinesa) enfatizam a transcendência divina, enquanto outras no Ocidente (por exemplo, a italiana) se deliciam com a proximidade de Deus. A imagem que Charlotte faz de Deus foi claramente influenciada por sua rígida educação irlandesa com sua ênfase tradicional no dever e na obediência. As culturas tradicionalmente vistas como "primitivas" são mais holísticas e aptas a ver Deus em meio à natureza, no cotidiano e no mundo; as culturas consideradas "avançadas" costumam ter uma divisão firme entre o sagrado e o secular. As culturas patriarcais tendem a enfatizar a autoridade divina, enquanto as culturas matriarcais enfatizam a proximidade e o afeto celestial.

> Nossa ideia de Deus nos diz mais sobre nós mesmos do que sobre ele.[3]
>
> Thomas Merton

A representação de Deus por um artista trai a sua compreensão de Deus e, às vezes, pode imprimir detalhes na imagem que nós mesmos fazemos dele. Esculturas como *A mão de Deus*, de Rodin, nos lembram que Deus cria a vida. Pinturas como *O retorno do Filho Pródigo*, de Rembrandt, com sua representação de um pai acolhedor com uma mão esquerda masculina e uma direita feminina, indicam que Deus está além de nossa compreensão de masculino e feminino. O coral "Aleluia" de Handel de *O Messias* celebra o poder triunfal de Deus. *God's Grandeur*, de Gerard Manley

---

[3] *Our idea of God* [Nossa ideia de Deus]: Thomas Merton, *New Seeds of Contemplation*, Shambhala Library (Boston: Shambhala, 2013), p. 17.

Hopkins, é um soneto que descreve a presença de Deus no mundo natural. O romance controverso e best-seller de William P. Young, *A cabana*, retrata as pessoas da Trindade em forma humana: o Pai como uma mulher afro-americana, o Filho como um carpinteiro do Oriente Médio e o Espírito Santo como uma frágil mulher asiática.

Somada a todas essas influências está a linguagem casual que usamos para nos reportar a Deus. Algumas pessoas usam o pronome masculino para Deus; outras gostam de se referir ao Espírito Santo no feminino; outras ainda evitam todos os pronomes e simplesmente falam de "Deus" e "Senhor". Referências a títulos como o Todo-Poderoso, o Altíssimo, o Ser Supremo ou o Cara Lá em Cima traem pensamentos sobre Deus.

Imagem de Deus desafiada

Os próprios fatores que moldam nossa imagem de Deus também podem desafiá-la e ameaçá-la. Quantas vezes, depois de ouvir uma homilia, ler um livro ou visitar um museu, ouvi um orientador espiritual me dizer: "Esse não é o Deus que eu conheço". Isso pode criar desconforto e tensão emocional, especialmente se estivermos tão investidos da imagem que fazemos de Deus quanto Charlotte, e geralmente estamos.

Passar por uma tragédia ou um período de escuridão espiritual também pode testar a forma de pensarmos sobre Deus. Na noite de 1º de outubro de 2017, Stephen Paddock iniciou um tiroteio de seu quarto no 32º andar do resort e cassino Las Vegas Mandalay Bay contra uma multidão de cerca de 22 mil espectadores, em um festival de música country ao ar livre. Mais de cinquenta pessoas morreram e quinhentas ficaram feridas. Na manhã seguinte, quando os americanos acordaram com a notícia, fui entrevistado sobre o incidente em um programa religioso nacional de rádio.

Depois de me apresentar, o anfitrião imediatamente perguntou: "Então, padre, vamos direto ao ponto. Por que Deus permitiu que isso acontecesse? Eu sei que algumas pessoas chamam Vegas de 'Sin City' [Cidade do Pecado], mas é realmente *tão* terrível assim? Deus está tentando nos sacudir e chamar a nossa atenção?". Fiquei sem palavras. "Ele realmente acha que Deus estava envolvido nisso?", eu me perguntei. Só de pensar, senti arrepios na minha espinha. Repetindo o que ouvi em muitas ocasiões na orientação espiritual, disse a mim mesmo: "Esse não é o Deus que eu conheço".

Reunindo meus pensamentos da melhor maneira possível no calor do momento, respondi: "Certamente não atribuiria isso, de forma alguma, ao nosso Deus amoroso. Essa tragédia sem sentido é obra de um doente mental, de uma pessoa com uma mente doentia e criminosa. Se outra razão não houver, ao menos essa tragédia testa minha crença na bondade e no amor de Deus. Tenho certeza de que Deus está chorando pelos mortos e feridos. Mas essa tragédia também me mostra como Deus surpreendentemente inspirou muitos socorristas e espectadores do show a arriscar suas vidas para ajudar aqueles que foram atingidos".

Embora o tiroteio em Las Vegas aparentemente tenha confirmado a imagem de Deus do apresentador, ele desafiou minha imagem de Deus e me fez considerar novamente a melhor forma de, à luz do sofrimento humano e da tragédia, pensar no mistério pessoal e inefável do amor incondicional a quem chamamos de Deus.

Imagens de Deus inadequadas

Escrevendo sobre a doutrina da Trindade, Ronald Rolheiser nos lembra de um fato importante sobre Deus. "Por definição", escreve ele, "Deus é inefável, além da conceitualização, além da imaginação, além da linguagem... Nenhuma fórmula pode capturar a realidade de Deus, porque Deus é grandioso demais para ser capturado, mesmo que parcialmente, em imaginação, pensamento e palavra".[4]

Como seres humanos, precisamos de descrições verbais e imagens visuais de Deus. As Escrituras falam corretamente de Deus como criador, rei, mulher em trabalho de parto, oleiro, protetor, parteira, fortaleza, rocha, mãe que amamenta, refúgio, libertador, amante, viticultor e o bom pastor. Estaríamos perdidos em um vazio sem sentido sem essas descrições e imagens. Como qualquer outra fotografia unidimensional, elas nos dão uma impressão e, às vezes, até *insights* sobre a realidade divina.

> Deus é um grande rio subterrâneo que ninguém pode represar e ninguém pode parar.[5]
>
> Mestre Eckhart

---

[4] *God, by definition is ineffable* [Por definição, Deus é inefável]: Ronald Rolheiser, The Richness of the Mystery of God, <RonRolheiser.com>, May 30, 2010, <http://ronrolheiser.com/the-richness-of-the-mystery-of-god>.

[5] *God is a great underground river* [Deus é um grande rio subterrâneo]: Mestre Eckhart, citado em Leo Knowles, org., *Catholic Book of Quotations* (Huntington: Our Sunday Visitor Publishing Division, 2004), p. 152.

No entanto, todas as descrições e imagens – tanto as bíblicas quanto as outras – são sempre inadequadas e incompletas; elas desafiam em vez de definir, iludem em vez de elucidar a plenitude de Deus. Não podemos capturar Deus em nossas descrições como se ele fosse uma borboleta, ou capturar Deus em nossas fotografias como se ele fosse um pôr do sol. Elas nos traem quando pensamos que as conseguimos determinar. Agostinho de Hipona assim o exprime: "Si comprehendis, non est Deus" [Se o compreendes, não é Deus].[6] A arte, a linguagem e até a teologia são camisas de força diante do "inexprimível, do incompreensível, do invisível, do inapreensível"[7] mistério pessoal de amor incondicional a que chamamos de Deus.

Infelizmente, assim como Charlotte, estamos muito apegados emocionalmente a essas camisas de força. Idolatramos exatamente aquilo que restringe e hesitamos sempre que nossa imagem de Deus é questionada, testada ou ameaçada. Quando não estamos dispostos a ter nossos pensamentos sobre Deus desafiados e expandidos, corremos o risco de perder a direção e ficar presos em uma espiritualidade cosmética e farisaica que não apenas se fixa em coisas externas, mas também prejudica nossa formação espiritual adulta. Essa era a situação de Charlotte, aos 55 anos.

Nós superamos as imagens que fazemos de Deus como superamos nossos brinquedos e roupas. Ou pelo menos deveríamos. Isso é normal, natural e até necessário. À medida que nossos pensamentos sobre Deus se desenvolvem e se ampliam por meio da experiência de vida e do

---

[6] *If you understand it* [Se o compreendes]: Agostinho de Hipona, *Serm.* 52:6; *Serm.* 117:3.

[7] *The inexpressible:* [O inexprimível]: *Liturgy of St. John Chrysostom*, Anaphora.

A mística ao alcance de todos 141

desafio, a imagem que fazemos dele torna-se capaz de conter a tensão encontrada nas contradições da vida: a realidade do sofrimento e o amor incondicional de Deus; a justiça merecida e a misericórdia divina; a abundância do pecado e a prodigalidade da graça. Imagens saudáveis de Deus florescem em meio aos paradoxos e mistérios da vida.

Rosanne vai à igreja regularmente, reza todos os dias e tenta ler a Bíblia duas ou três vezes por semana. Quando questionada, ela descreveu Deus como "Alguém com quem posso contar para ouvir minhas preocupações e inquietações. Ele sempre me aponta a direção certa. Se eu sair da rota, ele rapidamente pega minha mão e me traz de volta. E, quando caio, ele me levanta".

Meu coração se partiu quando soube que ela havia perdido tudo em um tornado que atingiu Joplin, Missouri, em 2011. Depois de alguns dias, consegui fazer contato com ela.

"Rosanne, sinto muito por sua perda. Não sei nem o que dizer."

"Não há nada para se dizer. Dificilmente, pode-se prever um desastre natural. Tudo o que sei é que Deus ainda está conosco e vai ajudar Robert e eu a nos refazermos. Padre, perdemos tudo o que tínhamos, menos o mais importante: nossa fé em Deus. Não sei para onde iria nem o que faria se não tivesse Deus."

Depois da destruição, a maturidade espiritual e o misticismo comum de Rosanne brilharam e fulguraram. Ela novamente me lembrou: uma imagem saudável de Deus pode não apenas suportar um tornado, mas também fornecer abrigo quando sua casa está em ruínas.

Como sei se minha imagem de Deus não é saudável?

Imagens de Deus não saudáveis normalmente inspiram medo e pavor. Como as de Charlotte, elas retratam a

Deus como um ser opressivo, severo, avarento, mesquinho, indiferente, sem amor e que exige obediência estrita. São como se Deus quisesse nos sacudir. Elas apontam para nós mesmos e nos mantêm atentos aos nossos pecados, em vez de ao desejo ardente de Deus e ao convite entusiástico para um relacionamento mais profundo; elas nos tornam escrupulosos e conscientes de nossos pensamentos e ações, enquanto nos levam à obsessão pela perfeição.

Também doentios são os pensamentos sobre Deus como uma força de energia amorfa ou algo parecido a um sinal de *wi-fi*, sem nenhum desejo pessoal, amoroso e ardente por nós. Essas imagens não levam a lugar nenhum. Não provocam nenhuma inspiração ou consolo e normalmente nos deixam emocionalmente vazios, às vezes desinteressados e geralmente apáticos em relação às tristezas e tragédias do mundo.

Curar ou superar essas imagens exige tempo, determinação, paciência e graça. Como uma imagem doentia de Deus às vezes está enraizada em um trauma ou tragédia, não se surpreenda se precisar procurar aconselhamento ou terapia. Foi o que fiz para superar a culpa de desrespeitar meu pai uma semana antes de ele morrer por suicídio. Lidar com minha culpa e tristeza pela perda de meu pai me ajudou a melhorar emocionalmente. Só então pude olhar para a bússola de minha jornada espiritual e perguntar se Deus estava tão distante, resignado e indiferente às lutas de meu pai quanto eu pensava.

Uma bússola de vida inspirada em Jesus

Mudar pensamentos profundamente arraigados sobre Deus requer consciência e aceitação dos ensinamentos de Jesus. Ele mesmo aludiu a várias comparações saudáveis para Deus: um provedor (Lucas 12,22-31), um pastor (Lucas 15,3-7), um viticultor (João 15,1-2), um pai compassivo (Lucas 15,11-32), uma mulher diligente (Lucas 15,8-10), aquele que dá esmola (João 6,32-33), aquele que festeja (Lucas 14,15-24), um senhor indulgente que perdoa seus devedores (Mateus 18,23-35). Cada uma dessas imagens oferece um raio de visão sobre o mistério pessoal e multifacetado do amor incondicional que Jesus nos revelou e chamou de "Abbá, Pai". Todas essas imagens apontam para um Deus com um desejo ardente de ter um relacionamento mais profundo conosco.

Eis uma maneira de ajudar a reorientar sua bússola de vida e ter uma imagem de Deus inspirada em Jesus. Desenhe um círculo em um pedaço de papel em branco. Divida-o em quatro quadrantes. Imagine esses quadrantes como os quatro pontos cardeais, simbolizando a presença divina onipresente em quem você vive, se move e existe (ver Atos 17,28).

Escolha aleatória ou deliberadamente quatro das oito imagens mencionadas que Jesus usou para Deus e escreva cada uma em um dos quadrantes.

No centro do círculo onde os quatro quadrantes se encontram, marque o momento presente e sua presença atenta a ele.

Torne-se consciente de como você chegou aqui. Passe algum tempo refletindo sobre a linha do tempo de sua vida. Observe eventos importantes, como celebrações, tragédias, noites escuras e momentos de mistério. Dependendo das quatro imagens inspiradas em Jesus que você escolheu, faça a si mesmo as seguintes perguntas:

- *Como provedor, quando Deus cuidou das minhas necessidades críticas? Quando e como ele me encorajou a deixar o futuro com suas preocupações e ansiedades e voltar ao sacramento do momento presente?*

- *Como pastor, quando e como Deus me guiou na direção certa? Como ele me procurou quando eu me perdi? Como me protegeu dos lobos da vida?*
- *Como viticultor, quando e como Deus me podou e me desafiou a aceitar uma decepção? Quando e como ele me fortaleceu para suportar uma tragédia?*
- *Como pai compassivo, quando e como Deus me surpreendeu com sua generosidade ao atender os meus pedidos ou com sua atenção cuidadosa aos detalhes da minha situação? Quando e como Deus me acolheu e celebrou minha presença junto dele?*
- *Como uma mulher diligente, quando e como Deus saiu de seu caminho para prestar atenção em mim? Para me encontrar?*
- *Como aquele que dá esmola, quando e como Deus atendeu ao meu pedido de ajuda? Quando e como ele me surpreendeu com presentes generosos?*
- *Como aquele que festeja, quando e como Deus insistiu que eu aceitasse seu convite para celebrar um evento e me banquetear com sua abundância?*
- *Como senhor indulgente, quando e como Deus me desafiou a deixar o passado com suas culpas e voltar ao sacramento do momento presente? Quando e como Deus me concedeu perdão, misericórdia e compaixão? Quando e como Deus me desafiou a perdoá-lo, a perdoar a mim mesmo ou aos outros?*

Ao ponderar as respostas correspondentes às quatro perguntas, considere escrever uma oração curta específica e personalizada em cada quadrante, que reconheça, louve e celebre a Deus como a imagem escolhida inspirada em Jesus. Essas quatro orações validarão não apenas a presença permanente de Deus com você, mas também sua consciência mística.

Ao considerar as perguntas de cada imagem escolhida e escrever uma breve oração, começará a perceber como Deus às vezes mostrou um desejo ardente por você e ofereceu um convite entusiástico para um relacionamento mais profundo. Essa atenção plena mística, nascida de sua própria experiência, muitas vezes molda uma compreensão de Deus que é diferente da imagem-padrão do Deus infantil ou da imagem atual que você faz de Deus. Essa imagem emergente costuma ser mais pessoal e envolvente. Discutir isso com um orientador ou um companheiro espiritual de confiança pode ajudar a aceitá-lo, abraçá-lo e celebrá-lo. Ao fazer isso, dá-se início a uma transformação.

Essa imagem de Deus inspirada por Jesus:

- *cura a obsessiva preocupação consigo mesmo, evocando um sentimento permanente de segurança e proteção, porque Deus, que alimenta os pássaros e veste os lírios, fará ainda mais por você;*
- *infunde a confiança de que Deus, como um pastor que deixa o rebanho para procurar uma ovelha perdida, nunca desistiu de você, não importa o quão perdido possa ter se sentido pelo escândalo e horror do seu pecado;*
- *move você além de qualquer preocupação com a autogratificação, pois exige rendição heroica, sacrifício e serviço, porque Deus, como um viticultor, poda ramos frutíferos para produzir ainda mais frutos;*
- *interrompe a obsessão do ego com a autoimagem, despertando admiração, reverência e gratidão pela percepção de que o divino amor incondicional do Pai faz nascer seu sol sobre maus e bons e envia a chuva sobre justos e injustos;*
- *faz você se sentir notado e considerado, porque Deus é como uma mulher diligente que procura meticulosamente até mesmo uma moeda perdida;*

- *alivia suas preocupações e medos sobre a autopreservação por ser aquele que não só dá esmola, mas oferece o verdadeiro pão do céu;*
- *ignora sua indignidade e, como um generoso anfitrião, insiste em que você desfrute de um banquete suntuoso;*
- *acalma com compaixão, zelando pelo seu bem-estar ao desobrigá-lo de suas dívidas.*

Os eventos de sua vida testemunham um Deus que se preocupa de forma amorosa, envolve-se carinhosamente e tem um desejo ardente de um relacionamento mais profundo com você. Essa imagem nova e mais saudável de Deus valida, conforta e inspira; ela desperta o seu melhor ao levá-lo de uma espiritualidade farisaica e cosmética para a espiritualidade essencial de Jesus. Você percebe que suas apreensões, medos e preocupações diminuem e ficam menos importantes. O investimento emocional em sua reputação e no que as pessoas pensam de você diminui e se torna desnecessário. Você não teme mais a dor, a culpa, as críticas, as desgraças ou as perdas. Gratidão e ação de graças tornam-se uma segunda natureza, quando vê as muitas e surpreendentes maneiras pelas quais Deus cuida de você e o provê em suas necessidades. Essa imagem de Deus inspirada por Jesus facilita a dissipação da obsessão do ego com a preocupação consigo mesmo, com sua autoimagem, autogratificação e autopreservação, enquanto reorienta a direção na qual você está seguindo.

E essa não será a última vez que você olhará para sua bússola, remodelará a imagem que faz de Deus e mudará sua direção. Você fará isso muitas vezes, até que finalmente chegue ao oásis eterno com todos os santos que contemplam a Deus face a face.

Praticar

Passe uma hora reorientando sua bússola de vida e abrindo-se para uma imagem de Deus inspirada em Jesus. Pondere sobre as quatro perguntas selecionadas e escreva quatro orações correspondentes.

Como essa prática desafiou a imagem atual que você faz de Deus? Como ela desafia as obsessões do seu ego?

Refletir

1. Qual foi a primeira imagem de Deus que você recebeu como bússola? Para onde ela o levou? Com que frequência você volta a ela?
2. Como a imagem que você faz de Deus mudou ao longo dos anos? Como a imagem atual mantém a tensão das contradições e mistérios da vida?

Ponderar

Uma imagem de Deus inspirada em Jesus é uma bússola confiável que guia um místico comum ao oásis da liberdade eterna.

10

Vida, palavras, silêncio e ação

A surpresa da oração mística

Em 1981, enquanto me preparava para realizar meu compromisso vitalício na Ordem Franciscana – os chamados "votos perpétuos", de pobreza, castidade e obediência –, fiz um retiro de trinta dias na Abadia de Gethsemani, o famoso mosteiro trapista em Kentucky que foi a casa do falecido Thomas Merton. Combinei de me encontrar dia sim, dia não, por trinta minutos, com um monge idoso.

Não se surpreenda: na primeira semana, pedi a esse "orador profissional" conselhos sobre sua ocupação diária. "Padre", eu disse, "minha oração é desinteressante, monótona e banal. Não tenho certeza do que estou fazendo de errado. Toda vez que sento para rezar, parece que não consigo manter minha atenção em Deus, porque sou tomado por uma enxurrada de distrações que me puxam de um lado para o outro. Preocupo-me com a doença de um amigo. Fantasio sobre o fim deste retiro. Penso se alguém no meu convento está guardando minha correspondência. Tento prever como vai estar o tempo amanhã e me preocupo com os trabalhos do próximo semestre. Minha oração é como uma cacofonia de preocupações caóticas que ricocheteiam em minha mente. Eu fico inquieto e agitado enquanto tento fazer o meu melhor para afastar esses pensamentos – mas eles continuam voltando. Às vezes, penso que tenho transtorno de déficit de atenção *espiritual*. O que eu deveria fazer?".

"Por que você acha que as distrações são tão ruins?", perguntou o monge trapista. "Como qualquer conversa com um amigo querido", continuou ele, "todos nós divagamos e mudamos de assunto de vez em quando. Não tente esvaziar sua mente e atingir um estado de consciência sem pensamentos – isso não é oração. Tentar fazer isso simplesmente se torna outra distração e uma fonte de dificuldades. Preste atenção às suas distrações – elas fazem parte da sua vida aqui e agora – e ouça o que elas estão lhe dizendo".

Esse sábio monge me lembrou de que as distrações são normais e, mais importante, que às vezes são como setas de neon apontando para outro lugar: para a necessidade de mais descanso e relaxamento; para uma importante área de preocupação; para um aspecto da personalidade de alguém que precisa ser abraçado e integrado; para a obrigação de se comunicar com alguém; para um assunto menor que pode precisar de atenção imediata ou futura. A melhor maneira de lidar com as distrações é reconhecê-las – não as ignorar. Tire o chapéu para elas e use o discernimento para entender o que estão dizendo a você no momento presente. Se não for nada importante e urgente, você pode deixá-las ir; se for algo importante e urgente, você está ciente. Essa atenção pode trazer um conhecimento mais profundo de si mesmo e das inúmeras formas de comunicação de Deus.

Um diálogo

"Não tente esvaziar sua mente e atingir um estado de consciência sem pensamentos – isso não é oração." Ainda me lembro dessas palavras, quarenta anos depois. E devo confessar que as repeti várias vezes para os orientandos espirituais. Às vezes me pergunto se nos venderam uma lista de produtos sobre a oração mística. Foi-nos dito e ensinado que se trata do êxtase, do esotérico, do outro mundo e que se encontra em um recipiente hermeticamente fechado, dissociado de nossa realidade vivida. Supõe-se que nos eleve a um espaço rarefeito onde segredos inefáveis são comunicados (ver 2 Coríntios 12,2-4). Pesquise no Google "Êxtase de Santa Teresa, Capela Cornaro, Igreja Santa Maria della Vittoria, Roma" para ver a famosa escultura de Gian Lorenzo Bernini que retrata essa crença.

A mística ao alcance de todos 151

> A oração mental, a meu ver, é apenas um relacionamento íntimo de amizade em que muitas vezes conversamos a sós com esse Deus por quem nos sabemos amados.[1]
>
> Teresa d'Ávila

A autêntica oração mística cristã não é sobre fabricar consciência pura sem pensamentos ou alcançar uma mente sem distrações. Não é um passeio de tapete mágico para o etéreo. Também não é um solilóquio. É uma conversa que nos encoraja a compartilhar com Deus tudo sobre nossa vida – nossos pensamentos, nossas lutas, alegrias, tristezas e preocupações sobre nós mesmos, nossa família e nossos amigos e sobre o mundo. Tendo compartilhado o que está dentro de nosso coração – mesmo aquelas emoções e sentimentos que consideramos impróprios para mostrar a Deus –, ficamos um tempo em silêncio para que Deus responda. E Deus o faz, não apenas nos oferecendo percepções e pensamentos criativos, mas também ajustando nossos sentimentos e nossas emoções mais profundas.

Aos quatorze anos, fui atraído pela oração, mas não sabia como iniciar a conversa. Felizmente, um professor do Ensino Médio, Frei Murray, apresentou-me um método simples que deu início a minha jornada. "Eu chamo de oração 'Vinde a mim como estais'", ele me disse.

---

[1] *For mental prayer* [A oração mental]: Santa Teresa d'Ávila, *The Book of Her Life*, 8.5, in *The Collected Works of St. Teresa of Avila*, trad. Kieran Kavanaugh, ocd, e Otilio Rodriguez, ocd, *The Book of Her Life; Spiritual Testimonies* (Washington: ICS, 1976), v. 1, p. 96.

Ele me ensinou a ficar sentado em uma posição confortável, mas alerta, e a respirar fundo algumas vezes. "Lembre-se de que Deus está sentado bem na sua frente. Pergunte a si mesmo: 'O que está acontecendo na minha vida agora? Como me sinto sobre isso?'. Então conte a Deus seus pensamentos e sentimentos", disse ele. "E depois ouça a resposta de Deus."

Quando perguntei como saberia que Deus estava falando, ele disse: "Você saberá que Deus está respondendo quando sentir paz no meio de uma luta – essa é a maneira de Deus dizer 'Não se preocupe'. Talvez você passe a compreender diferentemente alguém que feriu seus sentimentos ou descubra uma nova perspectiva sobre uma situação. Talvez tenha uma vontade repentina de ligar para alguém. Talvez surja uma ideia que o ajudará a resolver um problema. Ouça seus pensamentos e sentimentos, porque é aí que Deus estará respondendo".

Quando mencionei ao Frei Murray que Deus saberia tudo antes mesmo de eu dizer, ele respondeu: "Você está absolutamente certo. Não estará dando a Deus nenhuma informação nova. Mas, à medida que falar com Deus sobre sua vida e depois esperar que ele responda, você gradualmente passará a conhecer mais sobre si mesmo e, às vezes, até sobre Deus".

Quase cinquenta anos depois, continuo a iniciar meu tempo de oração com o "Vinde a mim como estais", de Frei Murray. Nessa conversa consciente com Deus, descobri que, às vezes, sou muito impelido pelo desejo e me concentro nos presentes de Deus, em vez de concentrar-me no Doador. Experimentei como o desejo ardente de Deus continua a me tocar em momentos de consolação. Aprendi que Jesus me convida com entusiasmo a um relacionamento mais profundo não só nos momentos de mistério, mas também nas tempestades da vida. E, em tempos de escuridão, lembro-me de que Deus nem sempre está presente nas manifestações dramáticas percebidas pelos sentidos, mas sim, como aconteceu certa vez na vida de Elias, no "murmúrio de uma leve brisa" (1 Reis 19,12).

Louvor, adoração e petição

Ao rezar a oração "Vinde a mim como estais", às vezes sou tocado pela pura realidade de Deus, pelo desejo ardente de Deus por mim, pelo convite entusiástico de Deus para um relacionamento mais profundo expresso através da criação, dos membros da minha família, de meus amigos, da necessidade não atendida ou do dever exigido no momento presente e, acima de tudo, da experiência divina chamada amor humano. Louvor e adoração são formas conscientes de responder a essas expressões de Deus. Pesquise no Google "O êxtase de São Francisco, de Bellini" para ver a famosa interpretação desse momento pelo pintor do século XV. Algumas denominações expressam louvor e adoração liturgicamente; outras os expressam cantando hinos de louvor e adoração. O ritual de ação de graças antes e depois das refeições é outra forma de estar atento e responder a Deus; Norman Rockwell capturou exatamente esse momento em sua pintura, *Saying Grace* [Dando graças], de 1951.

Meus amigos Marie e Blaise expandiram minha visão da oração. Ao amamentar seu recém-nascido, Marie é muitas vezes movida a adorar o Autor da Vida e sussurra: "Acaso uma mulher esquece o seu neném, ou o amor ao filho de suas entranhas? Mesmo que alguma se esqueça, eu de ti jamais me esquecerei!" (Isaías 49,15). Com terra nas mãos, ao cuidar de seu jardim Blaise está atento à criatividade divina que descobre nas estrelítzias, lupinos, buganvílias e esporinhas. Na catedral da vida, a natureza fornece os vitrais que inspiram muitos místicos comuns a se ajoelharem maravilhados e admirados.

Às vezes, começo a oração muito consciente de que sou um mendigo: tenho necessidades, desejos e vontades. Às vezes, eles estão focados em mim. Às vezes, nos outros. E, ainda outras vezes, no mundo. A oração "Vinde a mim como estais" inclui petição e intercessão.

"Quando as pessoas me pedem para rezar por elas, eu levo a sério. Tenho uma lista de pessoas e seus pedidos, pelos quais rezo todos os dias. Mas acho que não tenho muita sorte. A maioria dos meus pedidos fica sem resposta – e isso às vezes me desanima. Qual é o segredo da oração de intercessão?" O rosto de Tracy traía confusão.

Lembrei a ela que as orações de intercessão não são como a dança da chuva que, se feita de maneira adequada e frequente, faz com que os céus se abram. Também não são uma maneira de usar a Deus para conseguir o que queremos. Em vez disso, as orações de petição e intercessão são outra maneira de responder à necessidade não atendida ou ao dever exigido do momento presente. "Em quem preciso pensar e por quem devo rezar hoje?" é uma ótima pergunta para responder enquanto continuamos a conversa com Deus: "Por favor, ajude Betty a obter um atestado de saúde"; "Inspire Philip durante o exame final". A petição e a intercessão ajudam a aprofundar nossos relacionamentos com os outros e fortalecem nossa espiritualidade essencial.

Levei um tempo para apreciar as orações de petição e intercessão. Devo isso novamente ao Frei Murray. Depois que me senti confortável com a oração "Vinde a mim como estais", ele me encorajou a prolongar meu tempo de oração com a leitura das Escrituras ou de um texto de um escritor espiritual clássico ou contemporâneo. Eu lia lentamente alguns versículos ou um parágrafo. Então parava e pensava sobre o que tinha acabado de ler. Essa reflexão durava alguns minutos. Depois de meditar o máximo que podia, voltava ao texto, lia mais algumas linhas e refletia novamente.

Depois de alguns meses, Frei Murray sugeriu que eu fizesse três perguntas importantes que se tornaram parte de minha leitura espiritual: "O que a passagem ou texto me diz sobre meu relacionamento com Deus? Como esse conhecimento tocou meu coração e me transformou? Como meus pensamentos, palavras e ações devem mudar como resultado dessa leitura?". Ao responder a essas três perguntas, encontrei maneiras de dar vida às palavras na página e de gerar um efeito sobre mim. Isso às vezes me levava a orar por necessidades ou virtudes específicas. Minhas petições inicialmente eram focadas em mim mesmo.

Meu apreço pela visão mais ampla da oração de intercessão não floresceu verdadeiramente até que Frei Murray me treinou em outro método simples: orar pelas notícias.

"Assista ao noticiário noturno", disse ele, "ou leia o jornal diário. Ao fazê-lo, tome consciência de como você está respondendo à notícia. Se uma história em particular o tocar profundamente, leve-a à oração e converse com Deus sobre ela."

Rezar pelas notícias continua a fazer parte da minha prática diária. É outra maneira de responder à necessidade não atendida ou ao dever exigido no momento presente não apenas em lugares distantes, mas também em situações em que minha incapacidade de ajudar é dolorosamente evidente.

A dimensão humana completa

A autêntica oração mística cristã nunca está dissociada de nossa realidade vivida – oramos no lugar onde estamos, não onde achamos que deveríamos estar. Abrange todas as dimensões da condição humana: física, mental, espiritual e social. Pense em Jesus dando visão a um cego de nascença (João 9,1-41), curando a doença mental do endemoninhado em Gerasa (Marcos 5,1-20), libertando pessoas de espíritos maus (Lucas 8,2) e restaurando um leproso ao seu círculo social de relacionamentos (Mateus 8,1-4). Isso tem três implicações importantes para o místico comum.

> Orar não é nada fácil. Exige um relacionamento no qual se permite que alguém, além de você mesmo, adentre o seu interior, para ver o que você preferiria deixar na escuridão e tocar o que preferiria deixar intocado.[2]
>
> Henri Nouwen

Tudo é apropriado para trazer diante de Deus. Nada precisa ser excluído. Qualquer coisa que seja fonte de alegria, vergonha, medo, preocupação, raiva ou confusão – por mais trivial ou impróprio que seja – encontra expressão na oração de um místico comum. Isso requer honestidade, pois uma infinidade de sentimentos e necessidades surge e é expressa: o prazer e a satisfação de capturar um momento

---

[2] *Praying is no easy matter* [Orar não é nada fácil]: Henri Nouwen, First, Unclench Your Fists, BeliefNet, <www.beliefnet.com/faiths/2006/06/first-unclench-your-fists.aspx?>, accessed July 11, 2018.

especial em uma fotografia; a culpa associada a um pecado recorrente; a angústia de se deparar com uma criança com câncer; uma oração para ajudar a pagar as contas; a exuberância comovente de ouvir sua música favorita; a esperança de viver o suficiente para ver o casamento de sua filha. Qualquer técnica ou método que promova transparência, característica da autêntica oração mística cristã, é a melhor forma de rezar.

Em segundo lugar, a transparência na oração não se limita à palavra falada. Pode ser expressa de muitas outras maneiras. Pense em Davi dançando diante do Senhor "com todas as suas forças" (2 Samuel 6,14) ou na mulher cheia de culpa banhando os pés de Jesus com suas lágrimas e enxugando-os com seus cabelos (Lucas 7,36-50). O Cristianismo oriental tem a tradição de escrever ícones. "Qui cantat, bis orat" [Quem canta, reza duas vezes],[3] escreveu Agostinho de Hipona. Diferentes catedrais ao redor do mundo foram chamadas de orações em pedra.[4] Os artistas sondam as profundezas da experiência humana e rezam na dança, nos arranjos florais, na música, na pintura, na pantomima, na fotografia e na poesia.

Finalmente, há uma dimensão social da oração que não só inclui, mas também ultrapassa a intercessão. "Mas eu vos digo: amai vossos inimigos e orai pelos que vos perseguem" (Mateus 5,44). "Perdoa nossos pecados, pois também nós perdoamos a todo aquele que nos deve" (Lucas 11,4). "Portanto, se estiveres apresentando tua oferta no altar e ali recordares que teu irmão tem algo contra ti,

---

[3] *The one who sings* [Quem canta]: Agostinho de Hipona, *Enarrat.* Ps. 72, 1.

[4] *Prayers in stone* [Orações em pedra]: ver o livro de fotos de Alexander Liberman, *Prayers in Stone* (New York: Random House, 1997).

deixa ali tua oferta, diante do altar, e vai primeiro reconciliar-te com teu irmão; depois volta e apresenta tua oferta" (Mateus 5,23-24). A oração mística tem um efeito na maneira como vivemos: fortalece nossos laços familiares e nos leva a relacionamentos mais honestos e transparentes, promovendo a espiritualidade essencial de entrega, sacrifício e serviço de Jesus.

Individual e comunitário

As personalidades dos místicos comuns determinam as diferentes formas de rezar que os interessam ou atraem. Os mais extrovertidos gostam de orações verbalizadas. Os mais introvertidos são atraídos pela meditação. Não existe um método que necessariamente satisfaça a todos. Um dos desafios na jornada espiritual é descobrir quais técnicas de oração são nutritivas e úteis para responder ao anseio ardente de Deus e ao convite entusiástico para um relacionamento mais profundo.

Ao longo dos anos, notei momentos em que minha oração era irremediavelmente vazia. As técnicas e métodos eram penosos. "Por que isso não está mais funcionando?", eu perguntava. A tentação de desistir ou postergar os momentos de oração era muito real. Em muitas ocasiões, tive o pensamento desconfortante de que estava fazendo algo errado ou orando incorretamente.

"Não diga bobagens. Você não está fazendo nada de errado", disse-me certa vez um orientador espiritual. "Não há 'maneira errada' de orar, exceto quando você se apega obstinadamente a uma técnica ou método que não satisfaz mais ou quando simplesmente usa as mesmas palavras. Ou, pior ainda, quando deixa de ser honesto e transparente com Deus."

É bastante comum superar as técnicas de oração ou mesmo mudar os métodos devido às nossas circunstâncias ou situação. Como um GPS, nossa oração deve se ajustar e recalcular a rota à medida que crescemos em atenção e respondemos ao desejo e ao convite de Deus. A oração mística respira, expande-se, muda de curso e se desenvolve a cada estação da vida. Nunca é gravada em pedra.

Uma encantadora lenda franciscana sobre os santos Francisco e Clara ilustra outra faceta da oração mística. Francisco recusou muitas vezes o pedido de Clara para compartilhar uma refeição. Após a insistência dos frades, ele finalmente concordou. Um encontro e uma refeição foram marcados na igrejinha de Santa Maria dos Anjos, localizada no bosque, na parte baixa do vale. Na hora marcada, os futuros santos, cada um com seus companheiros, reuniram-se e sentaram-se no chão. Enquanto compartilhavam uma refeição simples, Francisco começou a falar sobre as coisas espirituais de maneira tão maravilhosa, que ele, Clara e os companheiros foram arrebatados por Deus. Enquanto isso, o horror tomou conta dos cidadãos de Assis ao verem a pequena igreja e toda a floresta ao redor arderem em fogo. Os cidadãos correram morro abaixo com baldes de água e os corações transbordando de esperança de conseguirem extinguir o fogo. Ao chegarem à igreja, encontraram Francisco, Clara e os companheiros em êxtase místico. Não havia fogo. As chamas que o povo viu era o amor de Deus queimando na vida desses simples seguidores de Cristo.

A lenda nos lembra de que a oração mística também pode ser comunitária. Serviços de adoração, liturgias, grupos de oração e Liturgia das Horas – horários fixos para a oração dos Salmos, normalmente recitados em comunidade – também são formas de crescermos em nosso relacionamento com Deus e com os outros. Há uma qualidade sacramental na oração comunitária: "Pois onde dois ou três estiverem reunidos em meu nome, ali estou eu, no meio deles" (Mateus 18,20). Idealmente, a oração privada deve levar à oração comunitária e a oração comunitária deve alimentar nossa oração privada. O Deus descoberto na oração "Vinde a mim como estais" é o mesmo que é adorado em comunidade. A rotina de levar a oração privada para a oração comunitária e refletir privadamente sobre o que ouvimos e experimentamos na oração comunitária pode ajudar a promover a transparência.

Não apenas palavras, mas o silêncio entre elas

Com o tempo, percebi que estava ficando cansado das palavras e mais atraído pelo silêncio. Fui levado a simplesmente me deleitar na presença de Deus com admiração consciente e sem palavras. Isso ainda era uma oração?

"Sim, isso ainda é oração, e é normal que alguém que reza todos os dias finalmente chegue a esse ponto. A oração é sobre honestidade, e nunca devemos apegar-nos às palavras apenas para preencher as lacunas. É aí que métodos e técnicas atrapalham e impedem nosso crescimento espiritual. O próprio Jesus nos desafiou a não tagarelar como os pagãos (ver Mateus 6,7). Forçar mais palavras ou tentar fabricar emoções edificantes não nos garante uma audiência especial de Deus", disse-me meu orientador espiritual.

"O salmista diz: 'Sabei que eu sou Deus' (Salmo 46,11), então siga o silêncio quando se sentir atraído. Use esse versículo do Salmo 46, algum outro versículo curto das Escrituras ou uma palavra como oração. Recite lenta e deliberadamente. Coordene com a sua respiração. Quando se sentir tocado, deixe o versículo ou a palavra ir e sente-se em silêncio santificado pela presença de Deus. Quando o silêncio se extinguir ou você se pegar perseguindo distrações, como acontece rápida e inevitavelmente, volte ao silêncio sagrado repetindo o versículo ou a palavra. Então siga o silêncio novamente até que se desvie e precise retornar a ele com o versículo ou a palavra. Isso se torna uma dança lenta de oração, silêncio, oração, silêncio."

Quando meu orientador espiritual disse isso, lembrei-me de que às vezes o diálogo mais honesto e transparente entre os amantes é o silêncio de um olhar amoroso. Esse silêncio não é um momento vazio de palavras; é uma pausa prolongada e plena de paixão. O crescimento na oração mística é o crescimento no silêncio amoroso.

> Não fique tão ansioso em relação ao seu progresso nos caminhos da oração, pois você deixou as trilhas habituais e está viajando por caminhos que não podem ser mapeados nem medidos. Portanto, deixe que Deus cuide do seu grau de santidade e contemplação. Se você tentar medir seu próprio progresso, perderá tempo em uma introspecção inútil.[5]
>
> Thomas Merton

Experimentar o silêncio e desfrutar do amor sem palavras de Deus durante a oração foi extraordinariamente satisfatório. Eu estava confiante de que estava no

---

[5] *Do not be too anxious* [Não fique tão ansioso]: Thomas Merton, *The Inner Experience: Notes on Contemplation*, com introdução de William H. Shannon (New York: HarperOne, 2003), p. 98.

caminho certo e ainda me lembro de pensar: "Agora estou progredindo". Suspeitei orgulhosamente que estava no sopé da oração mística.

É uma tentação comum olharmos no espelho e nos tornarmos focados, voltados para nós mesmos e excessivamente preocupados com o progresso da oração. É um equívoco comum (e parte da lista daquilo que nos venderam sobre o misticismo) pensar na oração como um caminho para experiências: das palavras aos sentimentos de paz e alegria, do silêncio ao êxtase místico. Comumente julgamos a qualidade da nossa oração por tais frutos – mas a oração não pode ser confinada a uma viagem interior durante a qual colecionamos sentimentos e experiências como se fossem lembranças. Mais importante, é uma jornada interior que deve encontrar expressão além de nós mesmos, no amor duplo de Deus e do próximo, que é a marca registrada do místico comum (a palavra "êxtase" é derivada do grego *ékstasis,* "estar fora de si mesmo").

A autêntica oração mística cristã vai além do cosmético, penetra sob a pele e abre o coração. Ela gradualmente alinha os anseios do nosso coração aos anseios de Deus. Esse alinhamento não apenas esvazia o ego de suas quatro obsessões, mas também vai além da mera modificação de comportamento, unindo a vontade humana à de Deus. Isso culmina na forma mais elevada de oração mística: "Seja feita a tua vontade". Essa postura amorosa de rendição, sacrifício e serviço é a resposta à necessidade não atendida ou ao dever exigido do momento presente. É o fundamento da espiritualidade essencial de Jesus: "porque desci do céu não para fazer minha vontade, mas a vontade daquele que me enviou" (João 6,38). Ela transforma a própria presença da pessoa em uma oração – em um místico comum.

Místicos comuns estão atentos a este mundo, à vida e ao momento presente. Eles intercedem pelas crises, necessidades e dificuldades do mundo. Fazem pedidos pessoais. Mas, acima de tudo, eles celebram em vida, palavra, silêncio e ação o desejo ardente de Deus e o convite entusiástico para um relacionamento mais profundo, aqui e agora.

Praticar

Pratique a oração "Vinde a mim como estais" por uma semana.

Depois de uma semana, avalie o quanto ela fecundou em sua vida.

O que ela lhe ensinou sobre a atenção plena e a presença de Deus?

Refletir

1. Com que frequência você se olha no espelho para verificar seu progresso espiritual? Que ajuda ou obstáculo esse conhecimento tem proporcionado a você?
2. Reflita sobre a história de sua vida de oração. Como sua vida de oração mudou ao longo dos anos? O que sua experiência lhe ensinou sobre o progresso na oração?

Ponderar

A marca da oração mística é a atenção plena, a transparência e o desejo de fazer a vontade de Deus aqui e agora.

11

Ouvidos atentos

Ouvir a Deus

Daniel reza todos os dias. Parte do tempo de oração ele medita sobre o Evangelho do dia, indicado no Lecionário. Certo dia, a leitura era sobre Jesus chamando seus primeiros discípulos. Estas palavras pareciam saltar da página: "Vinde atrás de mim e vos farei pescadores de homens" (Mateus 4,19). Esse versículo permaneceu com Daniel por vários dias.

Um mês antes, o padre o havia abordado. "A arquidiocese em breve vai treinar uma nova turma de diáconos permanentes. É um programa de cinco anos que inclui estudo acadêmico e compromisso ministerial. Acho que você é um candidato ideal. Os líderes do programa também pedem às esposas que frequentem as aulas e tenham um papel ativo no treinamento. O que acha de falar com a Regina e ver se isso é algo em que vocês dois estariam interessados?"

Daniel suspeitou de uma conexão entre esses dois eventos e os apresentou a mim em sua sessão mensal de orientação espiritual. "Não acho que seja coincidência. Eu não sabia por que aquele versículo havia me impressionado até que me lembrei da proposta do Padre Gallagher, algumas semanas atrás. Estou me perguntando se Deus está tentando me dizer alguma coisa."

Como você distingue uma coincidência de um empurrão de Deus? Eles são iguais e uma coisa só? Como sabe a diferença entre a voz de Deus e sua imaginação? Como Deus usa pessoas e eventos para influenciar sua vida? Os sentimentos viscerais e os interesses pessoais são indicadores confiáveis da vontade de Deus? O discernimento é um dos desafios fundamentais na vida espiritual e a atenção plena é um componente importante de sua prática. Ambos requerem conhecimento dos caminhos de Deus.

Sua vida como megafone de Deus

Há um equívoco comum de que Deus sempre fala de uma maneira sobrenatural – é assim que sabemos que é Deus. Como um trovão, sua voz ressoa e vem do céu. É ocasionalmente misterioso, mas sempre místico. Às vezes, assusta o ouvinte e normalmente muda sua vida.

A experiência de Paulo na estrada para Damasco é o exemplo bíblico perfeito. Intenso perseguidor dos cristãos, conhecido como Saulo antes de sua conversão, o futuro apóstolo era zeloso nas tradições de sua fé judaica (cf. Gálatas 1,13-14). Ao se aproximar de Damasco, "de repente uma luz vinda do céu brilhou em torno dele. Ele caiu por terra e ouviu uma voz que lhe dizia: 'Saulo, Saulo, por que me persegues?'" (Atos 9,3-9). O Cristo ressuscitado disse que era perseguido por Saulo. Saulo é então instruído a se levantar e entrar em Damasco, onde receberia instruções sobre o que fazer. Agora cego, é conduzido pela mão para dentro de Damasco, onde por três dias não comeu nem bebeu nada. Nesse ínterim, Ananias recebe uma revelação divina para visitar Saulo, que estava hospedado na casa de Judas. Inicialmente hesitante por causa da reputação de Saulo, Ananias obedece à ordem divina. Ele impõe as mãos sobre Saulo e ora para que este ficasse pleno do Espírito Santo. A visão de Saulo então voltou e ele foi batizado (Atos 9,13-19). O momento em que ele foi transformado no apóstolo dos gentios muda a vida de Saulo e o Cristianismo.

> Não cometa o erro de aspirar às "experiências" espetaculares que você leu na vida dos grandes místicos.[1]
>
> Thomas Merton

Quanto mais sigo a jornada espiritual, mais percebo que a experiência mística de Paulo na estrada para Damasco é um espetáculo à parte na história da espiritualidade.

---

[1] *Do not make the mistake* [Não cometa o erro]: Thomas Merton, *The Inner Experience: Notes on Contemplation*, com introdução de William H. Shannon (New York: HarperOne, 2003), p. 98.

Assim como as experiências de pessoas como Francisco de Assis ao ouvir uma voz vinda do crucifixo na Igreja de São Damião, Joana d'Arc recebendo instruções de santos falecidos, Patrício sendo guiado por vozes para retornar à Irlanda, sua terra natal, como missionário da fé cristã, Bernadette Soubirous tendo a visão de Maria em uma gruta de Lourdes, e muitos outros.

Por mais sobrenaturais, místicas e impressionantes que sejam essas experiências, elas podem facilmente nos distrair das maneiras mais comuns pelas quais Deus fala conosco.

Quais são essas maneiras mais comuns? Deus usa nossa própria vida como um megafone para se comunicar conosco; essa é a principal conclusão da experiência de Paulo no caminho para Damasco. Assim como a oração mística abrange todas as dimensões da condição humana – física, mental, espiritual e social –, também o discernimento abrange essas mesmas dimensões como a arena sagrada onde Deus fala. Vamos explorar brevemente cada uma dessas dimensões e ver como a atenção plena pode ajudar no processo de discernimento.

Dimensão física. Deus usa nosso ambiente físico. A natureza – como uma noite de lua cheia, um pássaro voando no céu, uma brisa noturna enquanto caminhamos no calor do verão, um cacto florescendo – pode nos fazer lembrar a presença permanente de Deus e o desejo dele por nós. A frustração que experimentamos em nosso local de trabalho pode ser o desafio de Deus para nos entregarmos e confiarmos – ou para procurarmos outro emprego. Uma mão estendida pedindo esmola, uma criança chorando ou um estranho com um pneu furado é a maneira de Deus nos levar além das obsessões do ego e aprofundar nossa espiritualidade essencial de rendição, sacrifício e serviço. Coincidências intrigantes, como as que Daniel experimentou, podem ser convites inesperados de Deus. Nossa história pessoal, passada e presente, pode ser um testemunho impressionante da graça e fidelidade de Deus. Não me lembro de não querer ser um missionário na China continental. A oportunidade se apresentou em 1992 e lá fui eu, primeiro para a ilha de Taiwan por dois anos e meio, para estudos de língua e cultura, e depois para a cidade de Wuhan, para ensinar inglês. Foi um ano muito difícil em Wuhan, enquanto me ajustava à vida no continente. Ainda me lembro de uma manhã de domingo, em novembro de 1995, quando ouvi na BBC News que Yitzhak Rabin havia sido assassinado. Essa notícia aprofundou a depressão que eu já sentia em virtude das dificuldades em me adaptar à cultura chinesa. Ainda assim, enquanto atravessava o rio Yangtzé de balsa para assistir à missa na catedral de Hankou, vi a bandeira chinesa tremulando a distância e me perguntei, maravilhado: "Estou mesmo na China?". Minha depressão desapareceu de repente, quando percebi novamente que estava vivendo meu sonho de infância. Essa percepção não foi apenas um consolo de Deus, mas também uma bem-vinda confirmação de onde eu estava e do que estava fazendo.

Dimensão mental. Deus pode falar através do funcionamento interno da mente. Você já foi solicitado a fazer algo que aparentemente surgiu do nada e acabou sendo exatamente o que precisava ser feito? Já teve um palpite ou intuição que acabou por concretizar-se? Às vezes, Deus nos leva à ação por meio de pensamentos que aparentemente surgem do nada.

Às vezes, Deus usa nossa imaginação para nos curar de traumas de infância, para nos convidar com entusiasmo a um relacionamento mais profundo com ele ou para fortalecer nossa determinação em realizar uma tarefa específica. Deus fala com muitas pessoas enquanto elas fazem uma forma de oração imaginativa na qual se colocam em uma cena do Evangelho e sentem suas reações ao ministério de Jesus. Mesmo os sonhos, como manifestação do inconsciente e corretamente interpretados, podem oferecer *insights* sobre nossa situação atual ou uma decisão iminente. Embora algumas pessoas menosprezem tais mensagens como sendo manifestações do inconsciente ou da imaginação, o fato é que Deus pode e fala conosco dirigindo nossos pensamentos e usando nossa mente.

Recentemente, enquanto escovava os dentes, pensei que fazia mais de cinco meses que não falava com meu bom amigo Frei Tom. Tinha ouvido dizer que não estava bem de saúde e disse a mim mesmo que precisava ligar para ele. Mas não liguei.

Dois dias depois, ao sair da cama, às 5 da manhã, o pensamento voltou – mas desta vez com mais convicção. Imediatamente escrevi um bilhete para mim mesmo para ligar para ele naquela tarde. Uma hora e meia depois, naquela mesma manhã, recebi um telefonema: "Albert, desculpe ligar tão cedo, mas queria que você fosse o primeiro a saber que Tom foi encontrado morto esta manhã. Ele morreu durante o sono". Tenho certeza de que, dois dias antes, Deus havia me oferecido a oportunidade de falar com meu querido amigo.

Dimensão espiritual. Muitos de nós estamos familiarizados com a maneira como Deus fala por meio de nosso compromisso com a formação espiritual. O Antigo Testamento alinha nossa vida com os Dez Mandamentos e a Aliança de Deus. No Sermão da Montanha, Jesus, a Palavra salvadora de Deus que se fez carne, nos leva a uma espiritualidade essencial de entrega, sacrifício e serviço. As cartas do Novo Testamento nos oferecem *insights* sobre como viver como uma comunidade de crentes salvos pelo ardente desejo de Deus por nós. O livro do Apocalipse oferece esperança em tempos de perseguição. A sagrada tradição, com a ajuda do Espírito Santo, ensina-nos a interpretar e encarnar a Palavra de Deus no mundo contemporâneo. A Igreja, como comunidade de crentes, oferece-nos encorajamento lembrando-nos de que somos uma família; seus sacramentos nos oferecem encontros únicos com Deus. Durante a adoração, Deus nos toca por meio de sermões e hinos. E, na oração pessoal, Deus nos chama para nossas vocações, confronta as obsessões do nosso ego, desafia nossos desejos, nos consola em tempos difíceis e inspira confiança em nós.

A irmã de Frei Tom, Rosie, estava inconsolável pela morte de seu irmão. Choramos juntos durante o velório e o funeral. Ela soluçava quando me despedi para pegar o voo de volta para o Texas. Duas semanas depois, ela me telefonou: "Sinto tanto a falta de Tom...", disse ela. "Ele era uma fonte de força e inspiração para mim. Mas, enquanto eu estava orando outro dia," ela continuou, "a ideia de que agora ele está em um lugar melhor me ocorreu. Uma sensação de que tudo vai ficar bem tomou conta de mim. Deus está comigo mesmo na minha tristeza". Deus estava oferecendo consolo a Rosie durante a oração dela.

Dimensão social. Deus fala conosco por meio de nossos relacionamentos e compromissos sociais: "Pois onde dois ou três estiverem reunidos em meu nome, ali estou eu, no meio deles" (Mateus 18,20). Deus chama algumas pessoas para a vida de solteiro por meio de seus compromissos com familiares e amigos; Deus chama algumas pessoas para o Matrimônio enviando uma pessoa especial que acende as chamas do amor altruísta; Deus ainda chama outros para o ministério ou para a vida religiosa fazendo com que um membro da família, amigo ou padre, no caso de Daniel, sugira a ideia. A palavra desafiadora de um colega de trabalho pode ser a maneira de Deus nos chamar ao arrependimento; o tapinha nas costas de um confidente pode ser o encorajamento de Deus; a alegria de uma criança pode ser um sinal de deleite divino; a permanência de um pai idoso em meio a uma doença incurável pode ser a maneira de Deus oferecer mais tempo para a reconciliação.

Deus fala conosco dia após dia, por meio das dimensões humanas de nossa rotina diária, de nossa vida monótona. Nosso desafio é estar atento a essa voz divina, discernir sua mensagem e significado aqui e agora, e então responder de maneira apropriada: "Seja feita a tua vontade". O mundano e comum é carregado com o místico e sobrenatural para aqueles que vivem com atenção plena.

Praticar

Escolha uma dimensão de sua vida: física, mental, espiritual ou social. Lembre-se do que aconteceu na semana anterior.

Tendo relembrado a semana anterior, pergunte-se: "Como Deus poderia estar falando comigo? O que Deus poderia estar pedindo de mim?".

Refletir

1. Que experiências espirituais extraordinárias Deus ofereceu a você? Como as honrou? O que aprendeu com elas?
2. Das quatro dimensões da experiência humana, com qual você está mais sintonizado? Menos sintonizado? Como Deus recentemente usou alguma delas para falar com você?

Ponderar

As quatro dimensões de sua própria vida são a arena sagrada onde Deus fala.

12

Exercícios práticos
Responder a Deus

A variedade de práticas espirituais é assustadora. De cabeça, posso citar instantaneamente as mais comuns que experimentei ou sugeri a outras pessoas: gratidão, descanso sabático, diário, oração, silêncio, solidão, desapego, submissão, castidade, hospitalidade, doação, serviço, orientação espiritual, compaixão, humildade, jejum e liturgia das horas. Sendo intencional sobre a formação espiritual, às vezes fico confuso e desanimado quando me pergunto: "Por onde começo com as disciplinas espirituais? Qual é a melhor para praticar? Por que o jejum não funciona para mim? Como posso praticar a Liturgia das Horas quando minha agenda está cheia ou estou viajando?". Tenho vergonha

A mística ao alcance de todos ⬛ 175

de admitir: não tive muito sucesso praticando a maioria das disciplinas tradicionais.

Em seu desejo de responder ao ardente desejo de Deus e ao convite entusiástico para um relacionamento mais profundo, muitas pessoas me perguntam sobre o propósito e a prática das disciplinas espirituais. Lembro-me de Dominic comentando e perguntando: "Acho que é como ir à academia e ter uma rotina de exercícios que muda dependendo do dia da semana. Afinal, é preciso exercitar todos os músculos para ficar em forma. O treinamento da alma não requer variedade, intencionalidade e disciplina?".

"Treinamento da alma." Eu gosto da imagem proposta por Dominic. E muitas outras pessoas também. Escolher comportamentos deliberados e apoiá-los com a reflexão sobre o Sermão da Montanha pode formar hábitos saudáveis; ambos moldam a silhueta da alma. O velho ditado "a prática leva à perfeição" fala sobre este ponto: quanto mais praticamos uma disciplina espiritual e permitimos que nossa mente seja renovada (ver Romanos 12,2; Efésios 4,23), mais crescemos em nossa identidade como discípulos cristãos e místicos comuns.

"Treinamento da alma." Embora eu goste da expressão, tenho algumas ressalvas a respeito. Pode sugerir que a formação espiritual se preocupa com resultados mensuráveis e metas alcançáveis, correndo em uma esteira sobrenatural e levantando pesos religiosos. Pode promover os espiritualmente maduros, como os fisiculturistas que passam óleo em seus corpos e fazem pose flexionando os músculos, como os fariseus que exigem lugares de honra, usam longas borlas vistosas e sentem-se justificados ao exigir serem chamados de rabino (Mateus 23,5-7). Essas pessoas podem se olhar com orgulho no espelho, sendo tentadas a assumir o reconhecimento pessoal pela boa forma e a orar por si mesmas: "Deus, dou-te graças por não ser como os outros homens: gananciosos, injustos, adúlteros; nem como esse coletor de impostos. Eu jejuo duas vezes por semana, pago o dízimo de tudo o que adquiro" (Lucas 18,11-12). Com efeito, a imagem do treinamento da alma não é apenas perigosamente próxima da heresia pelagiana, que acredita que todo crescimento espiritual é resultado da força de vontade bruta, mas também sugere um elitismo espiritual, um misticismo criado pelo ser humano.

Princípios

Gosto de pensar na prática das disciplinas como nossa resposta a um despertador espiritual que nos acorda e nos mantém atentos ao momento presente. É no momento presente que Deus manifesta o seu desejo ardente por nós – por isso este momento é sacramento e embaixador, como referimos no primeiro capítulo – e convida-nos com entusiasmo a um relacionamento mais profundo. Esse convite geralmente vem nessa necessidade não atendida ou dever exigido aqui e agora. Vamos dar uma olhada em cinco princípios para a prática de disciplinas espirituais e ver como as disciplinas nos mantêm despertos e alertas para o aqui e agora.

> Muitas vezes, quando uma pessoa está distraída e esquecida de Deus, Sua Majestade a despertará. Sua ação é tão rápida quanto a queda de um cometa. E tão claramente como se ouve um trovão, embora nenhum som seja ouvido, a alma entende que foi chamada por Deus.[1]
>
> Teresa d'Ávila

Em primeiro lugar, *as disciplinas espirituais são a nossa resposta a uma experiência do desejo ardente e do convite entusiástico de Deus a um relacionamento mais profundo.* A jornada começa com a iniciativa e o convite de Deus. "Nisto consiste o amor: não fomos nós que amamos a Deus, mas foi ele quem nos amou" (1 João 4,10). Essa experiência da graça é um despertar que não apenas nos faz sentir notados, mas também nos chama à ação.

Esses despertar e convite podem acontecer a qualquer momento. O início da jornada de Donald fornece um exemplo. Seu amigo de faculdade vinha tentando há vários anos convencer Donald a acompanhá-lo em um retiro de fim de semana. "Eu sempre arranjava uma desculpa para não ir", ele me disse em nossa primeira sessão de orientação espiritual. "Mas, por alguma razão, este ano decidi que tentaria. Afinal, era apenas um fim de semana. No sábado à noite, sentei-me na capela. Eu estava morrendo de tédio e me perguntava o que estava fazendo ali. De repente, do nada, um

---

[1] *For often when a person is distracted* [Muitas vezes, quando uma pessoa está distraída]: Santa Teresa d'Ávila, *The Interior Castle,* 6.2.2, in *The Collected Works of St. Teresa of Avila,* trad. Kieran Kavanaugh, ocd, e Otilio Rodriguez, ocd, *The Way of Perfection; Meditations on the Song of Songs; The Interior Castle* (Washington ICS, 1980), v. 2, p. 367.

sentimento de paz tomou conta de mim. Envolveu-me e ficou comigo pelo resto da noite e a manhã seguinte. E agora, enquanto falo sobre isso, meu corpo ainda se lembra. No final do retiro, percebi que precisava levar a sério meu relacionamento com Deus. Contei a meu amigo sobre aquela experiência na capela e ele sugeriu que eu procurasse um orientador espiritual. Ele me contou sobre você." O despertar de Donald começou com uma experiência palpável da graça de Deus; ele respondeu com a disciplina da orientação espiritual.

Denise teve uma experiência muito diferente. Ela ficou em estado de choque quando seu médico disse que ela tinha câncer em estágio IV. "Há metástases nos pulmões e no útero", disse o médico. "Nosso desafio é manter você o mais confortável possível pelos próximos seis a nove meses." Duas semanas depois, Denise procurou o pároco. Ela passou um tempo examinando sua vida e fazendo um inventário moral. Queria celebrar a misericórdia e o perdão de Deus.

Ambas as experiências destacam o uso por Deus de incidentes surpreendentes e significativos como alertas para um relacionamento mais profundo. As disciplinas espirituais fazem-nos sair da cama e colocar nossos pés no chão.

Abertura à graça

Ao contrário do uso de equipamentos de ginástica que fortalecem nossos músculos, as disciplinas espirituais em si não acarretam transformações. A transformação ocorre quando nos abrimos e respondemos ao anseio e ao convite de Deus. As práticas espirituais facilitam essa abertura e entrega da vontade. Consequentemente, como afirma o segundo princípio, *as disciplinas espirituais devem promover a atenção plena*. Elas aumentam nossa consciência da graça permanente de Deus em níveis cada vez mais profundos de nossa vida, assim como das estratégias que empregamos para sabotar a ação transformadora da graça por meio de nosso apego às quatro obsessões do ego.

> As várias disciplinas da vida espiritual são destinadas à liberdade e são meios confiáveis para a criação de limites úteis em nossa vida dentro dos quais a voz de Deus pode ser ouvida, a presença de Deus pode ser sentida e a orientação de Deus pode ser experimentada.[2]
>
> Henri Nouwen

Vivian sempre esteve comprometida com a prática de sua fé. Como um presente de aniversário de 40 anos para si mesma, ela decidiu participar de uma oficina de redação de diários promovida por sua Igreja num fim de semana. Ela vinha experimentando indescritíveis agitações interiores e pensou que essa oficina poderia ajudá-la a entender o que estava acontecendo. Praticando diferentes formas de diário naquele fim de semana, Vivian descobriu que precisava se preocupar menos com as opiniões dos outros e confiar mais na direção a seguir apontada por Deus. Nomear aquela preocupação incômoda e comprometer-se com uma fé mais profunda em Deus ofereceu-lhe um momento de liberdade, provando a ela os benefícios de escrever um diário. Como resultado, decidiu escrever semanalmente um diário. Agora, dois anos depois, embora raramente releia os registros antigos de seu diário, apenas o

---

[2] *The various disciplines of the spiritual life* [As várias disciplinas da vida espiritual]: Henri J. M. Nouwen, *Spiritual Formation: Following the Movements of the Spirit* (New York: HarperOne, 2015), p. 18.

fato de sentar-se à mesa da cozinha e escrever em seu diário a torna sensível tanto à ação de Deus em sua vida quanto aos obstáculos que ela mesma coloca em seu caminho.

"Seja feita a tua vontade"

Em terceiro lugar, *as disciplinas espirituais autênticas facilitam a rendição à vontade de Deus*. À medida que crescemos na consciência da graça de Deus e permanecemos despertos com as práticas espirituais, somos encorajados a responder ao embaixador do momento presente. Esse embaixador declara a vontade de Deus em sua necessidade não atendida ou dever exigido. E a nossa resposta? "Seja feita a tua vontade."

> O santo é uma pessoa que, quando faz a sua própria vontade, está fazendo a vontade de Deus... A raiz do seu querer está em Deus... A maior glória de uma criatura é agir livremente como instrumento de Deus... Seus atos são de Cristo.[3]
>
> Thomas Merton

Minha amiga Cindy leva muito a sério seu compromisso em orar diariamente, jejuar semanalmente e fazer retiros anuais de um final de semana prolongado em silêncio e solidão. Ela pratica os três há mais de uma década. Sua elevada sensibilidade à graça de Deus iluminou áreas

---

[3] *A saint is a person who* [O santo é uma pessoa que]: Thomas Merton, The Vow of Conversion (Kansas City: Credence Cassettes), tape AA 2228.

de egoísmo e pecado. Consciente deles, ela tem sido bastante aberta ao discutir essas questões com seu orientador espiritual. Essas discussões acabaram levando a algumas decisões importantes que afetaram seu estilo de vida: ela começou a trabalhar como voluntária um dia por semana em sua igreja, arrecadando e distribuindo alimentos às famílias carentes. Deu início a um relacionamento de amizade por correspondência com uma mulher no corredor da morte. Ainda me lembro do dia em que me ligou e disse: "Minhas práticas espirituais me convenceram de que Deus estava me chamando para alimentar o faminto e acolher o presidiário. Agora me considero uma colega de trabalho do Reino". Com o tempo, a atenção plena de Cindy revelou seu chamado para a missão – e ela respondeu. Esta é a aventura da formação espiritual, não é? Nas palavras de Jesus: "Não é aquele que me diz: 'Senhor! Senhor!' que entrará no Reino dos Céus, mas aquele que realiza o desígnio de meu Pai, que está nos céus" (Mateus 7,21).

Não é para todos

Minha experiência com o jejum leva ao quarto princípio sobre as disciplinas espirituais. Tenho plena consciência da reverenciada história do jejum com profundas raízes bíblicas. Surge no Antigo Testamento em tempos de guerra, doença, morte, perigo iminente e culpa (ver Juízes 20,26; 2 Samuel 1,12 e 12,16-23; 2 Crônicas 20,3; Jonas 3,4-10). No Novo Testamento, o próprio Jesus promove a prática; as Igrejas de Antioquia e Galácia, bem como o Apóstolo Paulo jejuaram (Mateus 6,16-18; Atos 13,1-3 e 14,21-23).

Algumas das grandes figuras da história da espiritualidade cristã promoveram sua prática. São Pedro Crisólogo chamou o jejum de "a alma da oração".[4] Os santos Bento, Hildegarda de Bingen, Francisco de Assis, Catarina de Sena, Teresa d'Ávila, Inácio de Loyola e outros o recomendaram. Citando Santo Agostinho, Santo Tomás de Aquino lembrou seus leitores dos efeitos espirituais: "O jejum purifica a alma, eleva a mente, subordina a carne ao espírito, torna o coração contrito e humilde, dispersa as nuvens da concupiscência, extingue o fogo da luxúria, acende a verdadeira luz da castidade".[5]

Você pode imaginar minha culpa ao longo dos anos, lutando por causa do jejum? Durante o dia eu chegava a sentir dores musculares por causa da tensão do jejum apenas para chegar à noite irritado e nervoso. Minha alma certamente não se purificou, minha mente não se elevou nem me tornei mais humilde. Também não aumentou minha consciência da graça de Deus nem me levou a me render à vontade de Deus. Só conseguia pensar no café da manhã da manhã seguinte.

---

4   The *"soul of prayer"* [A "alma da oração"]: "Fasting Quotes", Daily Devotions for Dining with God, February 15, 2015, <www.diningwithgod.org/fasting--quotes-catholic-popes-and-saints-3>.

5   *Fasting cleanses the soul* [O jejum purifica a alma]: a tradução em inglês encontra-se em *The Summa Theologiae of St. Thomas Aquinas*, 2. ed. rev., trad. Fathers of the English Dominican Province, 1920. Edição *on-line* em: <www.newadvent.org/summa/3147.htm>. A citação de Santo Agostinho está em *De orat. et Jejun* (*Serm. lxxii* [*ccxxx, de Tempore*]).

> Devemos estar atentos a não praticar o jejum formal, ou que na verdade nos "sacia" porque nos faz sentir em estado de justiça. O jejum tem sentido se verdadeiramente atinge a nossa segurança, e também se dele se obtém um benefício para os outros, se nos ajuda a cultivar o estilo do Bom Samaritano, que se curva diante do irmão em dificuldade e cuida dele.[6]
>
> Papa Francisco

"Fazer jejum de comida pode não ser a sua praia", Frei Dan disse com esperteza enquanto misturava suas metáforas. "Não é para todos. Mas há outras maneiras de jejuar. Você pode fazer jejum de mensagens de texto ou e-mails por um dia e passar esse tempo ajudando um vizinho. Pode fazer jejum da internet ou da televisão e ligar para um amigo. Pode fazer jejum de fofocas ou rancores."

Quarto, *nem toda prática tradicional de uma disciplina espiritual é útil para todas as pessoas.* O temperamento, a condição física, a personalidade e a denominação religiosa de uma pessoa determinam qual prática espiritual é útil para ela. Assim como não há uma técnica de oração que seja útil para todos, também não existe uma maneira de jejuar que seja útil para todos.

Frei Dan continuou: "Você precisa encontrar sua própria maneira de responder ativamente à graça de Deus e

---

[6] *We must be careful* [Devemos estar atentos]: Papa Francisco, Homily, March 5, 2014, citado em Kevin Cotter, What Should I Do for Lent? Pope Francis' 10 Tips, Focus, February 22, 2017, <https://focusoncampus.org/content/what-should-i-do-for-lent-pope-francis-10-tips>.

deliberadamente se desvencilhar de preocupações egoístas – esse é realmente o propósito do jejum. Pode incluir jejuar hoje das preocupações com sua reputação e com o que as pessoas estão dizendo pelas suas costas; jejuar de suas preocupações e ansiedades; jejuar de desejos e sentimentos egoístas; ou até mesmo jejuar do salário de hoje que economizaria para si mesmo".

Se você é como eu e a prática tradicional do jejum – ou qualquer outra disciplina espiritual – não parece beneficiá-lo, não se preocupe nem pense que tem algo errado com você. O conselho de Frei Dan me fez lembrar de que cada um de nós está em uma jornada única com suas próprias reviravoltas; precisamos confiar que a graça de Deus conduz cada um de nós na direção que precisamos seguir. A consciência desse convite divino cada vez mais profundo e de como o recusamos vem para alguns por meio do registro no diário; para outros, por meio de orações e esmolas; para outros, ainda, por meio de hospitalidade, gratidão ou serviço. Mas seu registro no diário pode assumir a forma de rabiscos ou desenhos de um sentimento sem nome; sua oração pode estar no contexto de nadar em vez de sentar em silêncio; sua esmola pode ser cuidado e atenção em vez de dinheiro; sua hospitalidade pode ser abrir seu coração em vez de sua casa. Qualquer prática que nos torne conscientes do ardente desejo de Deus por nós e que nos ajude a responder ao convite de Deus é aceitável, porque *a intencionalidade é o componente-chave para toda e qualquer disciplina espiritual*. Esse é o quinto princípio.

Descobrir uma maneira benéfica de jejuar não foi fácil para mim. Foram necessárias algumas tentativas e erros. Depois de muito esforço ao longo dos anos, cheguei a algumas práticas. Como forma de manter meu ego sob controle, às vezes faço jejum passando uma semana sem verificar as classificações de meus livros na Amazon. Durante o tempo da Quaresma, se eu acordar uma manhã desejando certa comida, procuro me abster dela naquele dia. Como uma expressão do descanso sabático, aos domingos normalmente não verifico e-mails nem fico *on-line*; em vez disso, passo um pouco mais de tempo em oração, às vezes orando pela mais recente crise internacional. Às sextas-feiras, dia em que os franciscanos costumam jejuar, rezo especificamente pelas pessoas que considero difíceis e tento ao máximo ignorar os rancores que guardo contra elas. Visto que a intencionalidade é o componente-chave de qualquer disciplina espiritual, apenas a criatividade pode limitar minha abordagem ao jejum.

Das menores e mais comuns formas

Este quinto princípio também torna *qualquer* exercício uma prática espiritual, se for feito com a intenção de tornar-se consciente, reconhecer e agir de acordo com a graça de Deus. Esta é uma das minhas conclusões da história da visitação (Lucas 1,39-56). Maria, a virgem grávida, vai "sem demora" (Lucas 1,39) – quase como se estivesse em uma missão – visitar sua parenta Isabel. Sem dúvida, ela está ansiosa para testemunhar o milagre de Deus não só em sua própria vida, mas também na vida de sua prima que, em sua velhice, está grávida daquele que será conhecido como "o profeta do Altíssimo" (Lucas 1,76). O hino de louvor de Maria (Lucas 1,47-55) dá expressão a uma impressionante tapeçaria com gratidão tecida em cada verso. Maria está testemunhando sua fé, pois essa simples visita familiar se torna uma proclamação da graça de Deus em ação em sua vida e na vida do mundo.

Até a menor expressão de gratidão se torna uma prática espiritual quando celebra e testemunha a ação de Deus em nossa vida. Levar um pão que acaba de sair do forno para um vizinho, enviar flores para uma amiga, ligar para um parente idoso, escrever um bilhete ou e-mail de agradecimento podem testemunhar o fio da graça de Deus entrando em nossa vida e nos costurando à de outra pessoa. Reconhecemos, às vezes até apressadamente, como a outra pessoa foi instrumento de Deus em um momento de escuta, desespero, luto, solidão ou celebração. A graça amplia nossa visão e é sempre comunitária; nunca é privada e individualista.

Embora o costume tradicional da época obrigasse o mais novo a cumprimentar o outro, é a idosa Isabel, vivendo com atenção plena o momento presente, que reconhece a santidade de tal visita, pois a mãe do Senhor visita inesperadamente sua casa. Ela acolhe Maria com uma saudação que proclama a dignidade e o papel da virgem na história da salvação: "Bendita és tu entre as mulheres, e bendito é o fruto de teu ventre" (Lucas 1,42). Presa em sua própria alegria particular, Isabel não apenas faz uma pausa para reconhecer a presença do outro, mas também oferece hospitalidade à parente mais jovem por três meses. Esta é a essência da espiritualidade: entrega, sacrifício e serviço.

> Que todos os convidados que chegam sejam recebidos como Cristo, porque ele dirá: "era estrangeiro e me acolhestes" (Mateus 25,35). E que a devida honra seja dada a todos, especialmente aos "da família na fé" (Gálatas 6,10) e aos viajantes.[7]
>
> Regra de São Bento

---

[7] *Let all guests who arrive be received as Christ* [Que todos os convidados que chegam sejam recebidos como Cristo]: *The Rule of St. Benedict*, trad. rev. Boniface Verheyen (United Kingdom: Aziloth Books, 2012), p. 68.

A visita revela outro gesto simples, além da gratidão, como prática espiritual. Quando preparamos o quarto de hóspedes com atenção, cozinhamos uma refeição com amor ou arrumamos a mesa com cuidado, estamos reconhecendo o caráter sagrado de cada visita de um parente, amigo, vizinho ou inimigo. Seja planejado ou inesperado, curto ou longo, cada encontro é divino e nos surpreende – "Por que me acontece isto, que a mãe de meu Senhor venha a mim?" (Lucas 1,43) –, e nossa resposta a tal graça é a prática espiritual da hospitalidade.

Oração antes do amanhecer

Raymond é casado e feliz, pai de três filhos e vice-presidente de um banco. Todas as quartas-feiras, às 4 da manhã, seu despertador toca e ele sai da cama. Ele joga água fria no rosto e passa uma hora em oração. Descobriu essa prática há cinco anos, enquanto fazia um retiro em um mosteiro trapista. Após sua hora de oração, ele se prepara para o trabalho.

Todo sábado de manhã, ele viaja por duas horas para almoçar com Charlie, seu colega de faculdade. Infelizmente, por sofrer de Alzheimer precoce, Charlie não faz ideia de quem é esse estranho que o visita.

"Posso fazer uma pergunta para você, Raymond?", perguntei certa vez. "Com tantas responsabilidades – esposa, filhos, trabalho, oração às quartas-feiras de manhã –, por que ainda sacrifica a maior parte do seu fim de semana fazendo uma viagem de quatro horas para visitar alguém que nem o reconhece?"

Erguendo uma sobrancelha com um olhar de surpresa, ele simplesmente disse: "É uma maneira de estender minha oração matinal de quarta-feira e testemunhar o que aprendi com ela: devo me esquecer de mim mesmo e responder aos necessitados".

A resposta de Raymond diz muito sobre a conexão entre a prática espiritual da oração e a ação. Para ele, a oração antes do amanhecer não é simplesmente um diálogo com Deus ou uma meditação. É uma disciplina espiritual que promove a atenção plena e a abertura à graça transformadora de Deus. É sua resposta intencional ao convite de Deus para um relacionamento mais profundo. Desgasta seu ego e aprofunda a essência de sua espiritualidade. Quando entra em seu carro para a viagem de sábado, ele está bem ciente de que se trata de uma extensão de sua oração – e mesmo sem pensar nisso, uma prática espiritual.

As práticas espirituais não devem ser uma fonte de consternação ou culpa. Quaisquer que sejam nossas práticas e independentemente de como forem feitas, elas são tanto nosso reconhecimento do anseio ardente de Deus quanto nossa resposta ao seu convite. Elas ajudam a promover a atenção plena na vida do místico comum.

Praticar

Reflita sobre sua vida cotidiana e pense em algo que você faz todos os dias de forma mecânica ou rotineira: escovar os dentes, conversar com seu cônjuge, pegar o metrô ou o ônibus para o trabalho, lavar a louça, trocar fraldas, passear, preparar uma refeição ou conversar com um amigo. Que consciência e intenção você precisaria ter para fazer disso uma prática espiritual?

Faça isso amanhã como uma prática espiritual. À noite, avalie sua utilidade para você.

Refletir

1. *Quais são suas disciplinas espirituais atuais? Elas são praticadas diariamente, semanalmente, mensalmente ou anualmente? Quão benéficas elas são para torná-lo consciente e receptivo à graça transformadora de Deus?*
2. *Quais disciplinas espirituais são desafiadoras para você? Por quê? Como você pode repensar a prática delas?*

Ponderar

Qualquer prática que promova a atenção ao ardente desejo de Deus e ao convite entusiástico para um relacionamento mais profundo é uma disciplina espiritual.

Permanecer desperto
Viver com atenção plena

"Como está sendo seu dia, Albert?", Manuel sempre faz a mesma pergunta no início de uma ligação.
"Como sempre. Acordei, tomei café da manhã, tomei banho..."
"E verificou seu e-mail. Então orou. Depois da oração, você foi olhar a caixa de correio."
"Como você sabe?", eu perguntei.
"Albert, você é uma criatura de hábitos. Aposto que não existe uma pessoa neste planeta que não conheça sua rotina diária. Aposto que poderia fazer uma pesquisa no Google e encontrá-lo mencionado em algum lugar da web."

Eu ri – ele estava absolutamente correto. Sou uma criatura de hábitos. Mas suspeito que não seja o único. Muitos de nós, sem saber que o desejo ardente de Deus por um relacionamento mais profundo tenta nos tocar e influenciar, vivemos como sonâmbulos. Acordamos, tomamos café da manhã, tomamos banho, vamos trabalhar, almoçamos, voltamos para casa, jantamos, relaxamos, vamos para a cama – apenas para fazer tudo de novo no dia seguinte. Falamos mecanicamente e vivemos de acordo com rotinas e repetições.

João da Cruz diz que Deus é o primeiro contemplativo. O olhar de Deus sobre nós torna-nos irresistivelmente atraentes para ele. Portanto, não fomos nós quem primeiro amamos a Deus, mas Deus quem primeiro nos amou. Acordamos no meio de uma história de amor. Não fomos nós que demos início a ela.[1]

John Welch, o carm

Precisamos acordar de nosso estado de sonho, voltar ao momento presente e viver com uma intencional atenção plena. Jesus nos desafia: "Portanto, vigiai, pois não sabeis em que dia vosso Senhor há de vir" (Mateus 24,42). Paulo também encoraja os tessalonicenses a viver com atenção plena: "Portanto, não durmamos como os outros, mas vigiemos e permaneçamos sóbrios" (1 Tessalonicenses 5,6). Deus fala em Apocalipse: "Eis que venho como ladrão.

---

[1] *John of the Cross says* [João da Cruz diz]: John Welch, o carm, Prayer in the Carmelite Tradition, *Prayer in the Catholic Tradition*, p. 219.

Bem-aventurado o que vigia e guarda suas vestes, para que não ande nu e não vejam suas vergonhas" (Apocalipse 16,15). Esses três versículos bíblicos são lembretes vívidos de que a atenção plena não acontece por osmose. Deve ser fomentada por práticas espirituais. Existe uma estratégia simples e intencional que podemos adotar e que leva a uma vida consciente e desperta. Responda à pergunta diária: "Como Deus está agindo em minha vida?". Ponderar e refletir sobre o que as pessoas nos dizem, os sentimentos mais profundos sobre as circunstâncias de nossa vida, nossas reações instintivas a surpresas e coincidências, nossos pensamentos mais criativos, especialmente aqueles que aparentemente surgem do nada, lembram-nos de que Deus fala por meio de nossa vida. As quatro dimensões da vida humana – física, mental, espiritual e social – formam a arena sagrada onde Deus expressa seu ardente desejo e nos convida com entusiasmo a um relacionamento mais profundo. Precisamos nos manter atentos e ouvir nossa vida. Em seguida, fazer o possível para extrair o significado e agir de acordo com a mensagem.

Orientação espiritual

A orientação espiritual é uma extensão com foco naquela simples pergunta diária: "Como Deus está agindo em minha vida?". Ela oferece mais elementos para a atenção plena. Longe do mero compartilhamento da fé, essa prática espiritual é uma conversa sagrada que leva à revelação divina. O chamado de Samuel resume o que pode ocorrer.

O noviço Samuel estava servindo ao Senhor no templo sob as ordens do experiente Eli. Certa noite, três vezes Deus chamou Samuel enquanto este dormia, e todas as vezes

Samuel achou que era a voz de Eli, correu para junto dele e disse: "Tu me chamaste, aqui estou". Na terceira ocasião, Eli compreendeu que era a voz de Deus e disse ao jovem Samuel: "Volta a deitar-te e, se alguém te chamar, responderás: 'Fala, Senhor, que teu servo escuta!'" (1 Samuel 3,9).

Em uma típica sessão de orientação espiritual, você traz a resposta para essa pergunta: "Como Deus está agindo em minha vida?". A resposta pode incluir uma palavra, um palpite ou uma experiência. Pode ser da dimensão física, mental ou social – não se esqueça, a dimensão espiritual está imersa nessas outras três dimensões da nossa experiência humana. A partir desses fatos, são feitas perguntas do tipo: "Como você se sente sobre isso?" ou "Como você está lidando com isso?". Depois de expressar seus sentimentos sobre os fatos, você então passa para a dimensão espiritual, o reino da fé: você fala sobre os fatos e sentimentos de uma perspectiva espiritual: "Em minha frustração, Deus está me desafiando a abandonar minhas tentativas de controle e confiar nele mais profundamente"; "Nesta amizade, Deus me faz lembrar que sou amado"; "Meu instinto me diz que o Espírito está me cutucando para me posicionar contra essa injustiça e me manifestar". À medida que a confiança e a vulnerabilidade aumentam, com o passar do tempo, em relação a seu orientador espiritual, você abre e explora o baú do tesouro de sua experiência de vida. Conforme discute detalhes, como Samuel, às vezes você descobre a voz de Deus. A ruminação oral deslinda a revelação divina.

Nascido e criado em uma família multilíngue, Lucas sempre desfrutou de diferentes contextos culturais. Nos últimos dois anos, ele ocasionalmente sonhava em assumir um compromisso de três anos com a missão de sua Igreja na Guatemala. Lembro-me do dia em que veio para a orientação espiritual e mencionou que seu bispo estava solicitando voluntários para a missão. Lucas estava animado. Depois de me contar sobre o pedido e me lembrar de seus devaneios ocasionais, ele disse: "Será que Deus está tentando me dizer alguma coisa?".

"Essa é a pergunta de um milhão de dólares, não é?"

"Com certeza faz sentido em alguns aspectos. Estou brincando com a ideia de partir em missão há dois anos. A busca por três voluntários é como uma porta se abrindo. Só não sei se é a minha hora..." Lucas fez uma pausa e olhou para longe.

Depois de ouvir os fatos, decidi levar a conversa para o segundo nível de emoções, ao perguntar-lhe como ele se sentia sobre essa possibilidade.

Ele ponderou a questão por um tempo. "Nervoso... e animado! Estou nervoso porque nunca fiz nada assim antes. Mas também estou animado, porque isso pode ser a realização de um sonho." Lucas fez nova pausa.

Nossa sessão terminou nesse ponto.

No mês seguinte, Lucas voltou e começou a sessão com o que só posso descrever como um sorriso incrédulo e nervoso. Falando de uma perspectiva de fé, ele disse: "Você não vai acreditar. Conversei com minha esposa e também com o bispo. Tenho certeza de que Deus me deu uma oportunidade e está me chamando para a Guatemala. Patty e eu vamos embora daqui a três meses".

Minhas sessões com Lucas me fizeram lembrar mais uma vez como Deus está constantemente nos chamando para um relacionamento mais profundo, guiando e impactando nossa vida. Também me fizeram relembrar os benefícios que eu mesmo experimentei como orientador espiritual.

A mística ao alcance de todos 195

Eu tinha vinte e poucos anos quando me comprometi pela primeira vez com a prática da orientação espiritual. Estava um pouco nervoso e não sabia o que esperar. Também estava receoso e desconfiado com a perspectiva de entregar o controle de minha vida a um orientador que realmente não me conhecia.

> "Meu orientador me disse para fazer isso" nunca pode justificar uma ação. A pessoa que recebe orientação deve sempre manter sua responsabilidade pessoal, e o modo e o conteúdo da correta orientação devem ajudar a pessoa a conservar e desenvolver a responsabilidade pessoal, não torná-la mais difícil.[2]
>
> William A. Barry e William J. Connolly

"Eu também ficaria!", minha orientadora, Irmã Theresa, disse. "Sua vida pertence a Deus, não a mim. Muitas pessoas presumem erroneamente que um orientador espiritual conduz sua vida como um maestro rege diferentes membros de uma orquestra. Mas esse não é meu papel como orientadora espiritual – nem pretendo dizer a você como viver sua vida. Minha orientação espiritual segue outro sentido. Meu papel é *orientar sua atenção* para as muitas maneiras pelas quais o Espírito pode estar agindo em *sua* vida. Ao fazer perguntas abertas, como 'O que Deus diz a você quando se sente assim?'; 'Onde você experimenta o chamado para o crescimento agora?'; 'O que acha que Deus

---

[2] *"My director told me to do it"* ["Meu orientador me disse para fazer isso"]: William A. Barry e William J. Connolly, *The Practice of Spiritual Direction, Revised and Updated* (New York: HarperOne, 2009), p. 11.

pode estar convidando você a fazer nesta situação?'; 'Como você está orando com esta experiência?', tento esclarecer e aumentar sua consciência do desejo de Deus no âmago da questão ao longo de sua jornada diária. E, então, discutimos a melhor forma de você responder a essa graça."

Nos últimos quarenta anos, descobri que a compreensão de Irmã Theresa sobre o que significa ser um orientador espiritual se manteve a mesma que a de todos os meus orientadores espirituais subsequentes. Cada um, à sua maneira única, me ajudou a crescer na consciência da presença de Deus em minha vida. Cada um afirmou e às vezes me desafiou em minha jornada espiritual. Ocasionalmente, cada um me ensinou uma técnica de oração ou me ofereceu outra perspectiva. Cada um me manteve responsável e me ajudou a ouvir o convite de Deus nas quatro dimensões da minha vida. E, em tempos difíceis e sombrios, cada um foi um companheiro e uma testemunha da presença de Deus.

Aceitar a ambiguidade

Em um mundo que aplaude as atitudes independentes e responsáveis e celebra o poder como uma espada a ser empunhada, manter-se desperto e viver com atenção plena são atitudes contraculturais: elas promovem a humildade e o que considero ser a forma mais elevada de oração mística: "Seja feita a tua vontade". Permanecer desperto e atento nos chama a abandonar o controle rígido de nossa vida e permitir que o Espírito de Deus nos molde e nos guie. Isso, às vezes, significa armar uma tenda no que parece ser o meio do nada e, outras vezes, colocar um pé na frente do outro mesmo quando não sabemos o destino final. Requer paciência e espera.

> O principal guia [na jornada espiritual] é o Espírito Santo.[3]
>
> São João da Cruz

Depois de passar doze anos como pregador itinerante, vivendo com uma mala e acumulando 1,3 milhão de milhas na United Airlines, cansei de estar a cada semana em uma cidade e pregar em uma igreja diferente. Comecei a sonhar em sossegar e ter alguma estabilidade em minha vida. No entanto, ainda me sentia chamado para o ministério de pregação e para o ministério de formação de futuros orientadores espirituais.

Do nada, recebi um telefonema do diretor do Centro Católico de Retiros Cedarbrake em Temple, Texas. Ao longo dos anos, preguei muitos retiros lá e ofereci formação continuada para orientadores espirituais na diocese de Austin, onde o centro de retiros está localizado. "O bispo Joe e eu estávamos pensando se você gostaria de se tornar o novo capelão do nosso centro de retiros. Você seria um membro de nossa equipe de retiro e também ajudaria no treinamento de futuros orientadores espirituais."

Eu fiquei estupefato. "Essa é a maneira de Deus me provocar, respondendo a uma oração que eu nem fiz, ou

---

[3] *The principle guide [on the spiritual journey]* [O principal guia (na jornada espiritual)]: São João da Cruz, *The Living Flame of Love*, 3.46, in *The Collected Works of St. John of the Cross*, trad. Kieran Kavanaugh, ocd, e Otilio Rodriguez, ocd (Washington, DC: ICS, 1991), p. 691.

uma tentação do diabo?" "Vou pensar e retorno a ligação", foi minha resposta ofegante. E desliguei.

Contei ao meu orientador espiritual sobre essa oferta intrigante. Depois de mencionar que não sabia se essa era realmente a vontade de Deus, eu disse: "Deus vai ter que deixar absolutamente claro se está me chamando para a casa de retiro".

"Isso não vai acontecer, Albert", Frei Ralph respondeu enquanto ria baixinho. "É apenas nas circunstâncias mais raras e com as pessoas mais teimosas que Deus derruba alguém de um cavalo e dá ordens claras para marchar. Na grande maioria das vezes, Deus simplesmente tenta persuadir e seduzir, em vez de prescrever e decretar. Responder a Deus é uma ladeira escorregadia, porque cada possível decisão tem suas próprias vantagens e desvantagens. Mais cedo ou mais tarde, com a melhor das intenções, tomamos uma decisão em liberdade e damos um passo na fé. E não levamos em conta o custo. Ficar em cima do muro só leva à paralisia e à ansiedade."

> Se você vive com medo, "inquieto e preocupado com tantas coisas", como [Jesus] diz em Lucas 10,41, você não tem fé no sentido bíblico. Fé é ser capaz de confiar que Deus é bom, que se importa e está do seu lado.[4]
>
> Richard Rohr, ofm

---

[4] *If you are fear-based* [Se você vive com medo]: Richard Rohr, *Jesus' Plan for a New World: The Sermon on the Mount* (Cincinnati: St. Anthony Messenger Press, 1996), p. 118.

Os medos normalmente justificam nossa posição em cima do muro. Tememos a possibilidade de qualquer dor física ou desconforto que possa estar associado à resposta ao convite de Deus: "Minha vida será tão confortável quanto é agora?". Encolhemo-nos por uma eventual crítica que possa vir a ser feita: "Meu cônjuge, minha família e meus amigos vão me culpar se eu cometer um erro?". Ficamos apreensivos com uma possível desgraça: "Vou parecer um tolo? Como isso afetará minha reputação?". Todos esses medos são expressões das obsessões do ego.

"E, claro, há a preocupação se isso é ou não a coisa certa a fazer", Frei Ralph continuou. "O importante não é acertarmos. O fato é que nem sempre conseguimos ser bem-sucedidos. O importante é respondermos e continuarmos caminhando na direção em que pensamos ou sentimos estar sendo guiados pelo Espírito."

O conselho de Frei Ralph me lembrou de que a jornada espiritual é contínua e nunca alcançamos o destino final nesta vida. Deus é "ciumento" (Êxodo 20,5) e está sempre nos convidando a um relacionamento mais profundo com tudo o que isso implica. Aceitar esse convite nunca nos incapacita ou diminui, mas nos leva à liberdade e à realização. Somos continuamente desafiados a passar por cima do ego e assumir um risco repleto de fé – e às vezes cometemos o que mais tarde descobrimos ser um erro. Mas Deus honra toda e qualquer decisão, mesmo questionável ou equivocada, desde que seja feita com fé. Permanecer desperto e viver com atenção plena não significa estar certo; significa arriscar-se por Deus aqui e agora, custe o que custar.

Livrar-se do ego

Viver com atenção plena é trabalhoso, porque requer desengajar e ignorar o ego com sua fixação na preocupação consigo mesmo, autoimagem, autogratificação e autopreservação. O ego e suas obsessões são a fonte de tanto estresse e ansiedade. O Evangelho de Lucas contém um incidente famoso na vida de Jesus. Ele é acolhido na casa de Marta, que vive com sua irmã Maria. Enquanto Marta está cumprindo as tarefas necessárias de hospitalidade, Maria está sentada aos pés de Jesus. Marta reclama com Jesus sobre a falta de cooperação e ajuda de Maria. Jesus responde: "Marta, Marta, estás preocupada e inquieta por tantas coisas; no entanto, somente uma é necessária. Maria escolheu a melhor parte, e esta não lhe será tirada" (Lucas 10,41-42).

Esta história é tradicionalmente interpretada como destacando a tensão entre a vida contemplativa e a ativa, com a vida de oração sendo considerada superior à da ação. Mas há uma interpretação mais profunda. Enquanto a preocupação e a distração de Marta estão enraizadas nas preocupações e demandas de seu ego, Maria conseguiu silenciá-las e permanece desperta com um espírito de atenção plena.

Essa deliberada desconsideração do ego que Maria manifesta não acontece de forma fácil ou rapidamente; exige uma religação do nosso pensamento, como Jesus ensinou no Sermão da Montanha. Lentamente, abandonamos o "eu" investido no ego, adotamos o pensamento do Sermão da Montanha e nascemos de novo: "abandonai – quanto à vossa antiga maneira de viver – o homem velho, que se corrompe segundo os desejos do engano, para serdes renovados no espírito de vossa mentalidade e para vos revestirdes do homem novo, criado à imagem de Deus, na justiça e na santidade da verdade" (Efésios 4,22-24). Esse novo eu, livre das exigências do ego, nos permite viver com atenção plena. É o eu místico.

Logo depois de conversar com Frei Ralph, comecei um retiro de trinta dias, organizado um ano antes, em um eremitério na Carolina do Sul. Tenho vergonha de admitir que inicialmente resisti à oferta de me tornar capelão do Centro Católico de Retiros Cedarbrake. Arrogantemente, pensei que minha "congregação" deveria ser nacional e maior do que a diocese de Austin e os trinta hectares que cercam o centro de retiros. Mas, à medida que os dias de solidão continuaram e comecei a me aprofundar, lentamente percebi que essa era uma resposta à oração que eu nunca havia feito explicitamente: "Senhor, dai-me um lar onde eu possa pregar e ainda sentir a grama crescer sob meus pés". Embora eu temesse que minha comunidade franciscana pensasse que eu era um tolo por jogar fora uma vida tão emocionante de viagens, tomei a decisão de aceitar o cargo. Não olhei para trás e ofereci o risco assumido como meu presente a Deus.

Permanecer desperto e viver com atenção plena são dois desafios e tarefas fundamentais para se tornar um místico comum. Exigem atenção e reflexão contínuas à medida que nos interiorizamos e ponderamos sobre o ardente desejo de Deus e o convite entusiástico expresso nos mínimos detalhes de nossa vida diária. Então, para evitar a autoabsorção narcísica, estendemo-nos e respondemos com a espiritualidade essencial de Jesus: entrega, sacrifício e serviço. Essa interação dinâmica entre a graça divina e a ação humana torna-se tão natural na vida de um místico comum quanto inspirar e expirar.

Praticar

Pondere se Deus está ou não chamando você para se comprometer com a orientação espiritual como uma forma de permanecer desperto e viver com atenção plena. Se a resposta for sim, comprometa-se com a orientação espiritual.

Refletir

1. Pense numa época em que experimentou o desejo ardente de Deus na dimensão física, mental, espiritual ou social de sua vida e estava convencido de que Deus o estava chamando para um relacionamento mais profundo. Como você sabia que era Deus? Como você respondeu?
2. Quando a necessidade de ter certeza o fez hesitar em aceitar o convite entusiástico de Deus? Que preocupações, medos ou obsessões do ego circulavam em torno dessa necessidade?

Ponderar

Permanecer desperto e viver com atenção plena não acontece por osmose.

Conclusão

Um Deus pessoal, misterioso e incompreensível, que ama incondicionalmente, anseia ardentemente por nós e nos convida com entusiasmo a um relacionamento mais profundo. Isso é graça, e todas as dimensões de nossa experiência humana – física, mental, espiritual e social – cantam isso. A graça dá início a nossa transformação.

Nossa resposta à graça começa com o despertar e a atenção plena, aquela qualidade infantil de viver no momento presente. É bem aqui, agora mesmo, que Deus nos chama para responder intencionalmente à necessidade não atendida ou ao dever exigido diante de nós. Entrega, sacrifício e serviço são a essência da espiritualidade essencial de Jesus e moldam nossa resposta sincera. Também é aqui, agora mesmo, que Deus nos chama para orarmos como estivermos. Respondemos com a honestidade e a transparência que incluem nossas emoções mais desconfortáveis.

À medida que abrimos nossa vida com toda a bagagem de nossa criação e infância, fazemos uma careta diante de nosso apego ao ego e suas quatro obsessões com a preocupação consigo mesmo, autoimagem, autogratificação e autopreservação. Essa fixação nos mantém presos no passado ou avançando pelo futuro. Jesus, o eletricista, nos traz de volta ao momento presente reconectando nosso pensamento sobre a verdadeira felicidade e as obsessões do ego, de acordo com o Sermão da Montanha. Juntamente com uma imagem de Deus inspirada em Jesus e a escolha deliberada do perdão, o ego começa a murchar.

À proporção que o ego encolhe, nossa consciência do dom contínuo da graça de Deus aumenta. Essa sensibilidade é aguçada por meio da oração e da prática de disciplinas espirituais. Nós nos abrimos para Deus repetidamente, em níveis cada vez mais profundos, enquanto nossos desejos são transformados. Começamos a viver a mais mística das orações: "Seja feita a tua vontade". E, com isso, descobrimos nossa verdadeira identidade como místicos comuns.

Rua Dona Inácia Uchoa, 62
04110-020 – São Paulo – SP (Brasil)
Tel.: (11) 2125-3500
paulinas.com.br – editora@paulinas.com.br
Telemarketing e SAC: 0800-7010081